FEIERT JESUS!

Das Jugendliederbuch!

BUNDES-VERLAG
OPERATION MOBILISATION
ALTPIETISTISCHER
GEMEINSCHAFTSVERBAND
LEUCHTER
EVANGELISCHE
GESELLSCHAFT
HÄNSSLER-VERLAG

Die CDs und MCs zu diesem Liederbuch:

Feiert Jesus! Vol. 1
2-CD-Nr. 99.744

Feiert Jesus! Vol. 2
CD-Nr. 99.762

Feiert Jesus! Vol. 3
CD-Nr. 99.777

Feiert Jesus! Vol. 4
CD-Nr. 99.801
Playback-CD 99.601

Feiert Jesus! Vol. 5
CD-Nr. 99.832
MC-Nr. 96.832
Playback-CD 99.432

Feiert Jesus! Vol. 6
CD-Nr. 99.858
MC-Nr. 96.858
Playback-CD 99.258

Liederbuch
Feiert Jesus 2
Nr. 393.690

Feiert Jesus! Vol. 7
CD-Nr. 99.873
MC-Nr. 96.873
Playback-CD 99.673

Feiert Jesus! Vol. 8
CD-Nr. 99.895
MC-Nr. 96.895
Playback-CD 99.295

Feiert Jesus! Vol. 9
CD-Nr. 99.903
Playback-CD 97.903

Feiert Jesus! Vol. 10
CD-Nr. 99.926
Playback-CD 97.926

Feiert Jesus!
Bläser-Chor-Arrangements
CD-Nr. 99.808

Covergestaltung: Martina Stadler
Fotos: Beate Binder, Micha Pawlitzki
Notengrafik: Wolfgang Hamann, Klaus Hönig, Olaf Olschewski
Druck und Bindung: Ebner & Spiegel, Ulm

ISBN 3-7751-2386-5 **Bestell-Nr. 392.386**

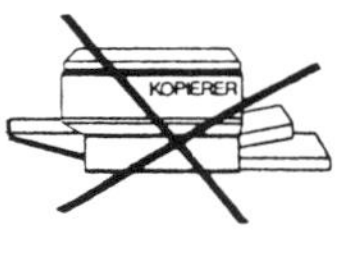

10. Auflage

FEIERT JESUS!

Mit diesem Liederbuch erhältst Du und Deine Jugendgruppen eine Auswahl brandneuer und schon bekannter Lieder. Sie sind sortiert in folgende Sachgruppen:

Jesuslieder	die über ihn staunen: freudig, fetzig und von ganzem Herzen
Gebetslieder	die mit Jesus reden: persönlich, erwartungsvoll und direkt
Bibellieder	die das Wort Gottes singen, einprägen und verbreiten
Lebenslieder	die Leben mit Jesus gestalten, über Lebenszusammenhänge nachdenken und Veränderung aufzeigen
Segenslieder	die mit Jesu Segenszusagen rechnen, begleiten und ermutigen

Noten und einfache Gitarrengriffe erleichtern das Erlernen und Begleiten der Lieder, sodaß auch weniger erfahrene Gitarristen gemeinsames Singen anleiten können.

Mitarbeitern, die mit Liedern Gebets- oder Anbetungszeiten gestalten, gibt dieses Liederbuch besondere Hilfen an die Hand:

* Im alphabetischen Inhaltsverzeichnis sind die Tonarten der Lieder angegeben. Dies soll helfen, einzelne Lieder harmonisch sinnvoll miteinander zu verbinden.

* In einem Bibelstellenverzeichnis sind Bibelverse, aus denen Liedtexte entstammen oder an deren Inhalt sich Lieder anlehnen, aufgelistet. So können biblische Texte und Lieder aufeinander bezogen werden.

Ein herzlicher Dank an dieser Stelle auch an alle Autoren und Verlage für die gute Zusammenarbeit.

Singen führt zusammen, konzentriert die Gedanken, greift Fühlen auf und prägt es, öffnet Herzen und Sinne. Dieses Liederbuch soll dies ermöglichen und dabei auf Jesus Christus hin ausrichten.

Das Redaktionsteam
(Herbert Becker, Günter Hänssler, Matthias Hanßmann,
Matthias Lutzweiler, Karl-Heinz Neumann, Klaus Nieland,
Lukas Di Nunzio, Gerhard Schnitter, Gerhardt Ziegler)

Text und Melodie: Gary Oliver
Deutsch: Jeanette Schaberl

2

Text: Patricia Morgan
Deutsch: Jugend mit einer Mission
Melodie: Dave Bankhead

Originaltitel: Come On And Celebrate

Text (nach Röm 8,15–16; Hebr 13,15)
und Melodie: Graham Kendrick
Deutsch: Hartmut Stiegler

Originaltitel: We Are Here To Praise You

4

Text und Melodie: Robert Lowry
Deutsch: Thomas van Dooren

Text (nach Offb 1,5+6)
und Melodie: Lukas Di Nunzio

C Em7 F C C
Dem, der uns liebt, dem, der uns liebt_ und uns von uns-ren
Em7 F C/G
Sün - den ge - wa-schen hat in sei - nem Blut. Ihm sei
Fm/G C Fm/G C F
Herr-lich-keit und Macht. Ihm sei Herr-lich-keit und Macht. A -
G C C Em7 F C
- men.___ Dem, der uns liebt, dem, der uns liebt_ und
C Em7 F
uns ge - macht hat zu Kö-ni-gen und Prie-stern sei-nem
C/G Fm/G C
Gott. Ihm sei Herr-lich-keit und Macht___ in
Fm/G C F G A F G C
E-wig-keit die Macht. A - - men,___ A - - men.

6

Text (nach Ps 103)
und Melodie: Norbert Kissel
(Kanon für 2 Gruppen)

Text und Melodie: Rick Founds
Deutsch: Karin Geitz

7

Originaltitel: Lord, I Lift Your Name On High

8

Text (nach Ps 104)
und Melodie: Graham Kendrick / Steve Thompson
Deutsch: Thomas van Dooren

Originaltitel: God Is Great

3. Der Regenwald steht wie ein mächtiger Dom, er birgt so viel Leben wie kaum anderswo. Exotische Tiere, laut, schrill und bunt – gewaltiger Lobpreis erklingt!

4. Gott Vater hält alles fest in seiner Hand, die Bahn der Planeten, Gezeitenstand, die Phasen des Mondes, den Tag und die Nacht – selbst mein Herz ist ihm offenbar.

5. Das Dröhnen des Donners preist laut seine Macht, die Sonne geht unter in glühender Pracht. Die Engel, sie rufen aus: Heilig ist er – allmächtig und würdig der Herr!

3. The rain forest canopies darken the skies, cathedrals of mist that resound with the choirs of creatures discordant, outrageous ablaze in colourful pageants of praise.

4. Above His creation the Father presides. The pulse of the planets, the rhythm of the tides. The moon marks the seasons, the day follows night, yet He knows every beat of my heart.

5. Let cannons of thunder salute their acclaim, the sunsets fly glorious banners of flame, the angels shout "holy" again and again as they soar in the arch of the heavens.

9

Text: Noel und Tricia Richards / Gerald Coates
Melodie: Noel Richards
Deutsch: Gerhard Schnitter

Originaltitel: He Has Risen

3. Gäb' es keine Auferstehung, wäre alles ganz egal. Aber Jesus ist lebendig! Unsre Hoffnung ist real.

4. Wenn er wiederkommt vom Himmel, werden alle ihn dann sehn. Und wenn die Posaunen klingen, werden wir auch auferstehn.

5. Ewig dürfen wir dann leben, sehen ihn von Angesicht, immer preisen seine Liebe, leben ganz in seinem Licht.

3. If there were no resurrection we ourselves could not be raised, but the Son of God is living so our hope is not in vain.

4. When the Lord rides out of heaven, mighty angels at his side, they will sound the final trumpet, from the grave we shall arise.

5. He has given life immortal – we shall see Him face to face, through eternity we'll praise him. Christ the champion of our faith.

10

Text und Melodie: Graham Kendrick
Deutsch: Glaubenszentrum Bad Gandersheim

Originaltitel: I Delight

B♮ Em D Em
sei - ne Gna - de deck - te mei - ne Schuld.
wie die Braut in ih - rem Hoch - zeits - tanz.
gave me hon - or for my shame.
like a bride up - on her wed - ding day.
B♮ Em
Er ver - lieh mir Kraft und Stär - ke,
Als Er - lö - ste sei - nes Rei - ches
Dressed me in His strength and splen - dor,
Dressed like priests with His sal - va - tion,
F♯ B♮
ich will prei-sen ihn al - lein.
vol - ler Freu - de sin - gen wir.
I will glo - ri - fy His name.
we will ev - er sing for joy.
Em
1.+2. Ich bin froh und freu - e mich im Herrn.
1.+2. I de - light great-ly in the Lord,
B♮ Em
Ich bin froh und freu - e mich im Herrn.
I de - light great-ly in the Lord.
B♮ Em
Ich bin froh und freu - e mich im Herrn.
I de - light great-ly in the Lord.
(Fine)
B♮ Em C B♮ Em
Ich bin froh und freu - e mich im Herrn. Ja!
I de - light great-ly in the Lord. Hey!

Text und Melodie: Jugend für Christus

D A D
1. E - wi - ger Gott, o e - wi - ger Gott,
2. Je - sus, mein Herr, o Je - sus, mein Herr,
3. Hei - li - ger Geist, o Hei - li - ger Geist,
G A D G
1.-3. du bist hoch zu lo - ben; du bist hoch zu
A D G D A D
lo - ben. Denn du teilst aus, was je - der braucht.
G A D G A D
Du bist hoch zu lo - ben; du bist hoch zu lo - ben.
Refrain
D G D A
Hal-le-lu-ja! Hal-le-lu-ja! Hal - le - lu - ja!
D G D A D
Hal-le-lu-ja! Hal-le-lu-ja! Hal - le - lu - ja!

Text: Michael Card
Deutsch: Barbara Werner
Melodie: John Thompson

12

El-Shaddai = Allmächtiger Gott; El-Elyon = Allerhöchster Gott
na Adonai = ach Herr; Erkamka = ich liebe dich.

13

Text: Johannes Jourdan
Melodie: Jeremia Clarke, 1670-1707

14

Text (nach Apg 4,12;10,36)
und Melodie: Steve Israel & Gerrit Gustafson
Deutsch: Glaubenszentrum Bad Gandersheim

Originaltitel: Jesus Christ Is The Lord Of all

15

Text (nach Apg 4,10+12+30)
und Melodie: Tommy Coomes
Deutsch: Wort des Glaubens, München

3. Jesus, mein König, der bald wiederkehrt, Jesus, mein Herz nur dich allein begehrt. Dem Namen Jesus singen wir für alle Zeit. Jesus, Herr der Herrlichkeit!

3. Jesus, You're the soon and coming King, Jesus, we need the love that You can bring; Oh Jesus, we lift our voices up and sing, You're the sweetest, sweetest name of all.

Originaltitel: The Sweetest Name Of All

Text und Melodie: John Gibson
Deutsch: Albert Frey

Originaltitel: Jesus, We Celebrate Your Victory

Text (Suaheli) und Melodie: aus Afrika mündlich überliefert

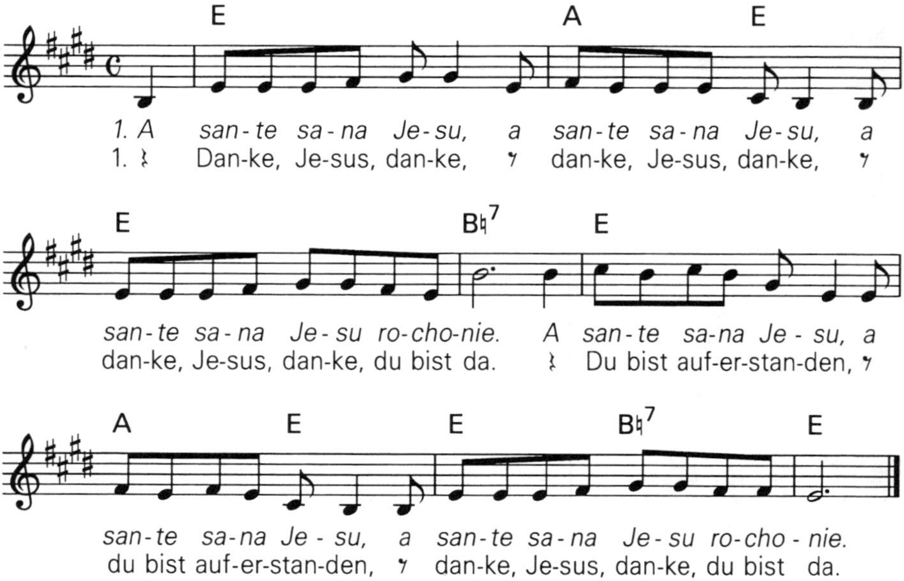

2. Na‿a kupenda Jesu, na‿a kupenda Jesu, na‿a kupenda Jesu, rochonie. Na‿a kupenda Jesu, na‿a kupenda Jesu, na‿a kupenda Jesu, rochonie.

3. Si ischibila we' we', Si ischibila we' we', Si ischibila we' we', rochonie. Si ischibila we' we', Si ischibila we' we', Si ischibila we' we', rochonie.

2. 𝄽 Kein Grab kann dich halten, 𝄾 kein Grab kann dich halten, 𝄾 Jesus, du bist stärker als der Tod. 𝄽 Jesus, du bist stärker, 𝄾 Jesus, du bist stärker, 𝄾 Jesus, du bist stärker als der Tod.

3. 𝄽 Keiner kann uns ängsten, 𝄾 keiner kann uns ängsten. 𝄾 Jesus, du bist stärker als die Angst. 𝄽 Jesus, du bist stärker, 𝄾 Jesus, du bist stärker, 𝄾 Jesus, du bist stärker als die Angst.

Text (nach Offb 5,12-13; 2.Mose 3,6)
und Melodie: Twila Paris
Deutsch: Mirjana Angelina

18

1. Wir ver - eh - ren den, der mäch - tig ist, ___ wir ver -
2. Du al - lei - ne herrschst in Ma - je - stät. Wir nei - gen
1. We will glo - ri - fy the King of kings, we will
2. Lord Je - ho - vah reigns in ma - jes - ty, ___ we will

eh - ren Got - tes ___ Lamm. Wir ver - eh - ren un - sern
uns vor dei - nem ___ Thron, be - ten an ___ in Ge -
glo - ri - fy the ___ Lamb; We will glo - ri - fy the
bow be - fore His ___ throne; We will wor - ship Him in

Kö - nig, den ___ Gott des A - bra - ham.
rech - tig - keit durch das Blut ___ dei - nes Sohns.
Lord of lords, for He is the great I Am.
right - eous - ness, we will wor - ship Him a - lone.

3. Halleluja dem, der mächtig ist! Halleluja Gottes Lamm! Halleluja unserm König, dem Gott des Abraham.

3. Hallelujah to the King of kings, hallelujah to the Lamb; Hallelujah to the Lord of lords, for He is the great I Am.

4. He is Lord of heaven, Lord of earth, He is Lord of all who live; He is Lord above the universe, all praise to Him we give.

Originaltitel: We Will Glorify

19

Text: Philipp Friedrich Hiller, 1699-1769
Melodie: Johann Löhner 1691

5. Nur in ihm, o Wundergaben! können wir Erlösung haben, die Erlösung durch sein Blut. Hört's: das Leben ist erschienen, und ein ewiges Versühnen kommt in Jesus uns zugut.

6. Jesus Christus ist der Eine, der gegründet die Gemeine, die ihn ehrt als teures Haupt. Er hat sie mit Blut erkaufet, mit dem Geiste sie getaufet, und sie lebet, weil sie glaubt.

7. Gebt, ihr Sünder, ihm die Herzen, klagt, ihr Kranken, ihm die Schmerzen, sagt, ihr Armen, ihm die Not. Wunden müssen Wunden heilen, Heilsöl weiß er auszuteilen, Reichtum schenkt er nach dem Tod.

8. Ich auch auf der tiefsten Stufen, ich will glauben, reden, rufen, ob ich schon noch Pilgrim bin: Jesus Christus herrscht als König, alles sei ihm untertänig; ehret, liebet, lobet ihn!

Text: Paul Gerhardt 1653
Melodie: Johann Crüger 1653

20

5. Gib, daß wir heute, Herr, durch dein Geleite auf unsern Wegen unverhindert gehen und überall in deiner Gnade stehen. Lobet den Herren!

6. Treib unsern Willen, dein Wort zu erfüllen; hilf uns gehorsam wirken deine Werke; und wo wir schwach sind, da gib du uns Stärke. Lobet den Herren!

7. Richt unsre Herzen, daß wir ja nicht scherzen mit deinen Strafen, sondern fromm zu werden vor deiner Zukunft uns bemühn auf Erden. Lobet den Herren!

8. Herr, du wirst kommen und all deine Frommen, die sich bekehren, gnädig dahin bringen, da alle Engel ewig, ewig singen: „Lobet den Herren"!

21

Text und Melodie: Werner Arthur Hoffmann

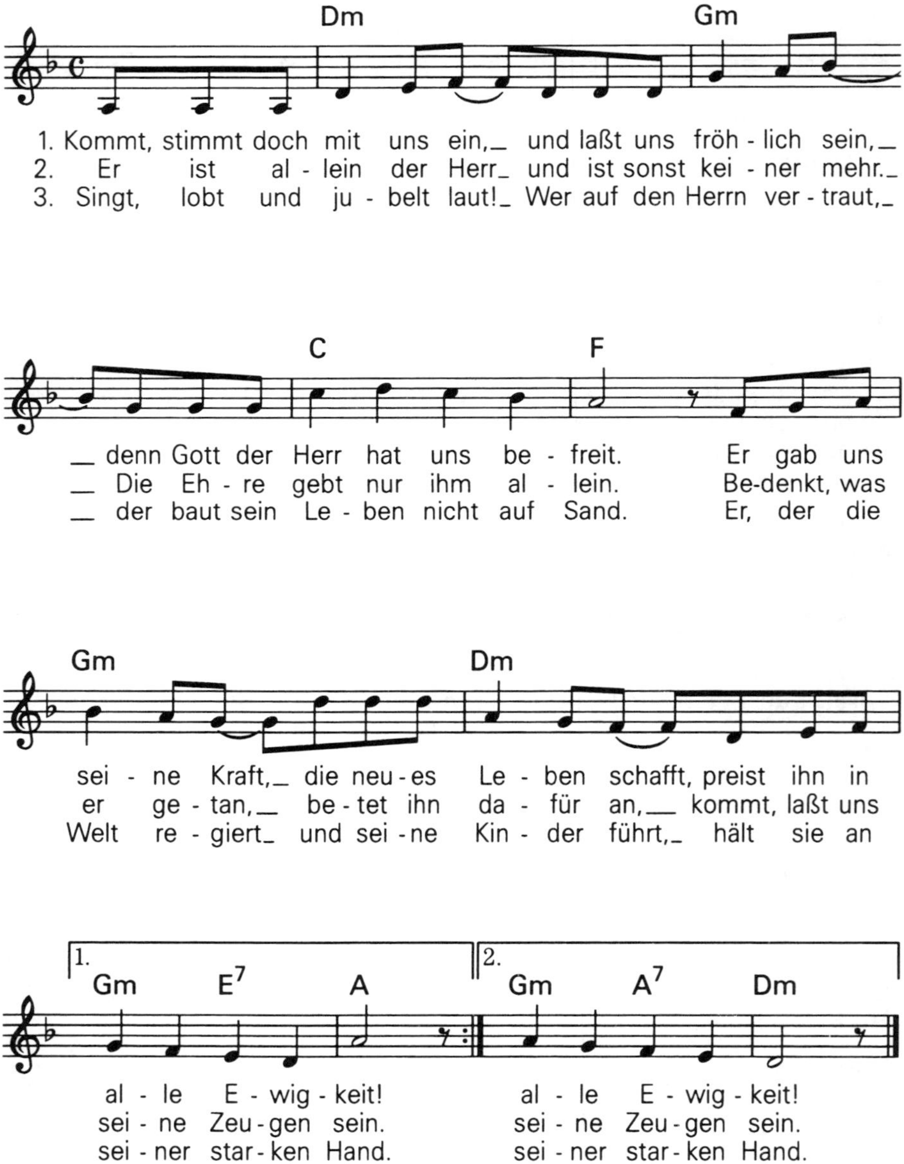

Aus: "Wag den Sprung"

Text (nach Ps 8,1; Jes 9,5b–6)
und Melodie: Michael W. Smith
Deutsch: Mirjana Angelina

22

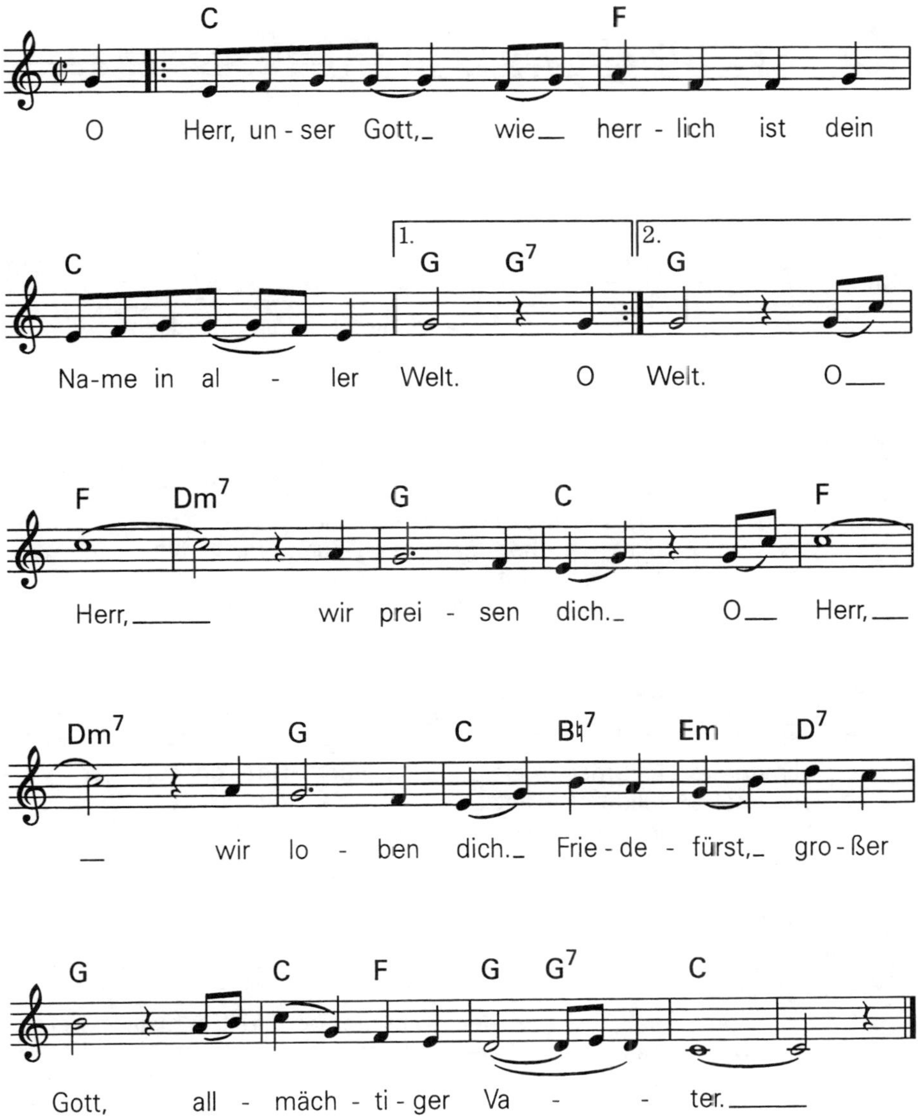

Originaltitel: O Lord, Our Lord (How Majestic Is Your Name)

23

Text und Melodie: Graham Kendrick
Deutsch: Thomas van Dooren

Originaltitel: Heaven Is In My Heart

3. Wir sind der Tempel seines Throns, der Himmel erfüllt mein Herz, und Jesus ist das Fundament. Der Himmel erfüllt mein Herz. Er kommt zurück und holt uns heim. Der Himmel erfüllt mein Herz. Der Geist, die Braut, sie sprechen: "Komm!" Der Himmel erfüllt mein Herz.

Anhang vom Medley der CD "Feiert Jesus"
O Gnade Gottes wunderbar, der Himmel erfüllt mein Herz, hast du errettet mich, der Himmel erfüllt mein Herz. Ich war verloren ganz und gar, der Himmel erfüllt mein Herz, war blind, jetzt sehe ich, der Himmel erfüllt mein Herz.

3. We are a temple for His throne, heaven is in my heart. And Christ is the foundation stone, heaven is in my heart. He will return to take us home, heaven is in my heart. The Spirit and the Bride say "Come!" Heaven is in my heart.

24

Text und Melodie: Zululied
Deutsch: Eva-Maria Wanner

Text (nach Jes 45,23-24; Phil 2,10-11; Offb 5,12)
und Melodie: Bruce Clewett
Deutsch: Hans Fritz, JMEM

25

Originaltitel: Praise The Lamb

Text: Gerhard Tersteegen, 1697-1769
Melodie: Joachim Neander, 1650-1680

27

Text: 4.Jahrh. / Ignaz Franz 1771
Melodie: Wien 1774 / Heinrich Bone 1852

5. Herr, erbarm, erbarme dich. Laß uns deine Güte schauen; deine Treue zeige sich, wie wir fest auf dich vertrauen. Auf dich hoffen wir allein: laß uns nicht verloren sein.

28

Text und Melodie: Daniel Gardner
Deutsch: Mirjana Angelina / Thomas Luck

Originaltitel: My Life Is In You, Lord

Text (nach Joel 4,10)
und Melodie: Henry Smith
Deutsch: Wort des Glaubens, München

Originaltitel: Give Thanks

30

Text (nach Ps 36,10; Joh 4,14)
und Melodie: Uwe Peters

Text und Melodie: Lothar Kosse

D
Groß ist un - ser_ Gott,_ Herr der E - wig - keit._
G Em7 A4
_ Er al - lein re - giert_ ü - ber Raum und Zeit._
D
_ Sou - ve - rän herrscht er,_ Schöp-fer die - ser_ Welt,_
G Em7 A4
_ der in sei - ner_ Hand_ un - ser Schick - sal_ hält._
D Fine A G D
_ Sein Wort gilt für al - le Zeit._
A G/B♮ D4 D A G
Sein Reich kommt in Herr - lich - keit._ Wir stehn
D. C. al Fine
D A D/A G/A A
stau-nend, Gott, vor dir,_ un - ser Va - ter.

32

Text (nach Ps 86,5; Hebr 4,16)
und Melodie: Graham Kendrick
Deutsch: Gitta Leuschner, JMEM

33

Text (nach 1. Chr 29,11; Eph 1,20-23)
und Melodie: Twila Paris
Deutsch: Mirjana Angelina

Originaltitel: He Is Exalted

34

Text (nach Offb 4,10+11)
und Melodie: Pauline Michael Mills
Deutsch: Verfasser unbekannt

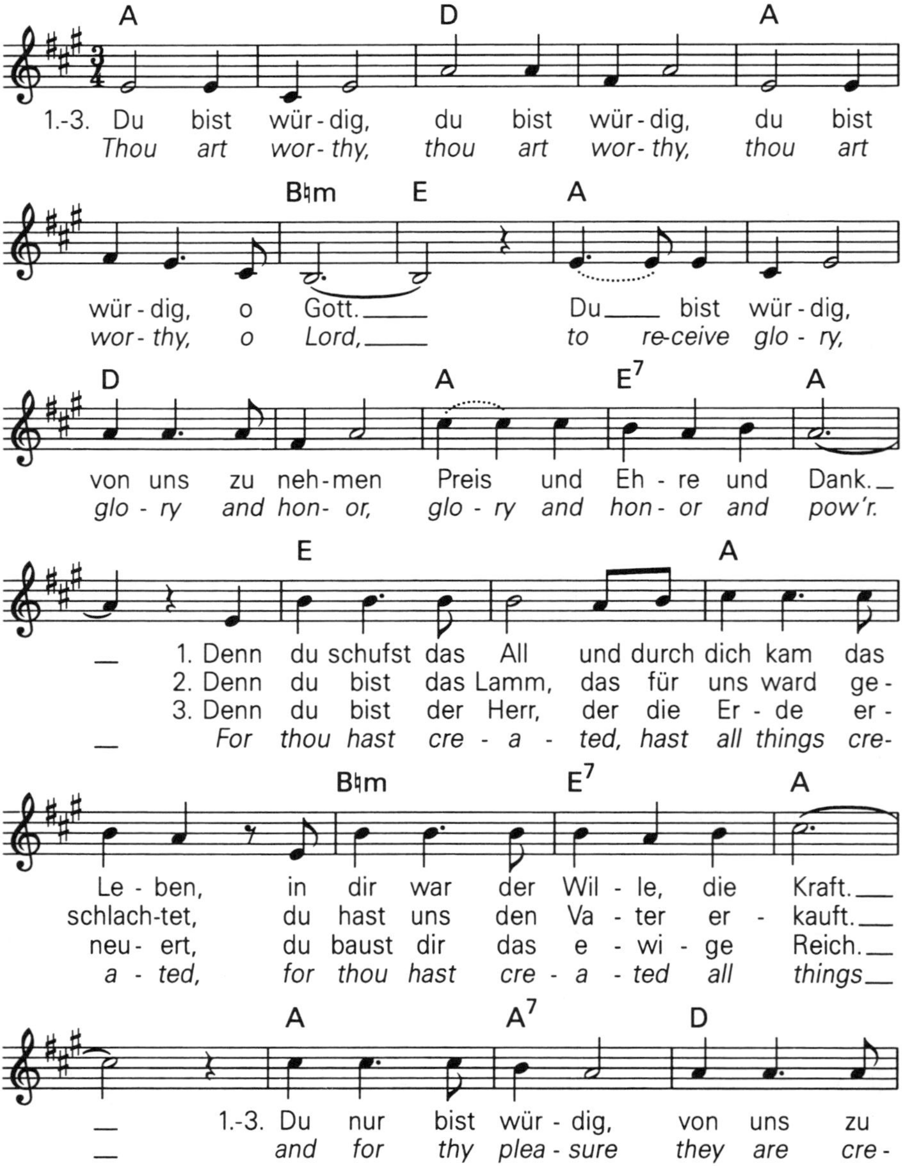

Originaltitel: Thou Art Worthy

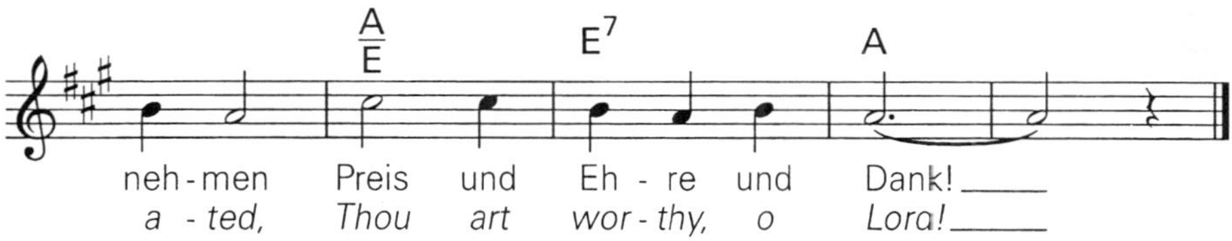

Text und Melodie: Asulf Kvammen
Deutsch: Joachim Rieger

35

36

Text und Melodie: Doug Horley
Deutsch: C. und M. Lutzweiler / C. und A. Frey

Text und Melodie: Rich Mullins
Deutsch: Mirjana Angelina und Thomas Luck

37

Originaltitel: Our God Is An Awesome God

Text und Melodie: Manfred Siebald

A B♮m
1. Hört, hört ihr nicht die Lie - der um euch her?
2. Seht, seht doch, daß Gott eu - er Be - stes will.
3. Spürt, wie das Lied von vie - len Stim-men lebt.
4. Singt, singt es mit dem Wind, so-lang es geht.
B♮m B♮m/A B♮m/G♯ B♮m/F♯ E
1. Hört ih - re Wor - te rau-schen wie ein
2. Seht, was er selbst zu - erst euch gab, ist
3. Spürt, wie uns Gott ganz eng zu - sam - men -
4. Singt, singt es auch noch, wenn der Wind sich
C♯m F♯m C♯m7 F♯m D E A
1. Meer. Lie - der kom - men, Lie - der gehn. Von dem
2. viel: Chri-stus starb, da - mit ihr lebt. Ihn soll
3. webt. Nah bei ihm sind wir uns nah, hörn in
4. dreht. Laßt die Her - ren die - ser Welt euch doch
D E C♯
1. Lie - der - trei - ben wird nur ei - nes blei - ben:
2. eu - er Sin - gen zu den an - dern brin - gen.
3. Lied und Le - ben ihn den Ton an - ge - ben.
4. nie - mals zwin - gen, nur für sie zu sin - gen.
Refrain
A F♯m D B♮m A
1. Singt das Lied der Lie-der von dem Herrn der Her-ren. Gebt ihm

Text und Melodie: Edward Andraé Crouch
Deutsch: Stephan Möller

39

Originaltitel: Soon And Very Soon

40

Text und Melodie: David Fellingham
Deutsch: Gerhard Schnitter

G E7 Am7
Hel - fer, du bist mein Ver - sor - ger,
Heal - er. You are my Pro - vi - der,
D G G/F♯ Em
du bist nun der Hir - te, der mich führt. Je - sus,
You are now my Shep-herd, and my Guide, Je - sus,
D. C. al Fine
Am7 D D7 G C/G G
Herr und Kö - nig, Preis sei dir.
Lord and King, I wor - ship You.

Text und Melodie: Lukas Di Nunzio

41

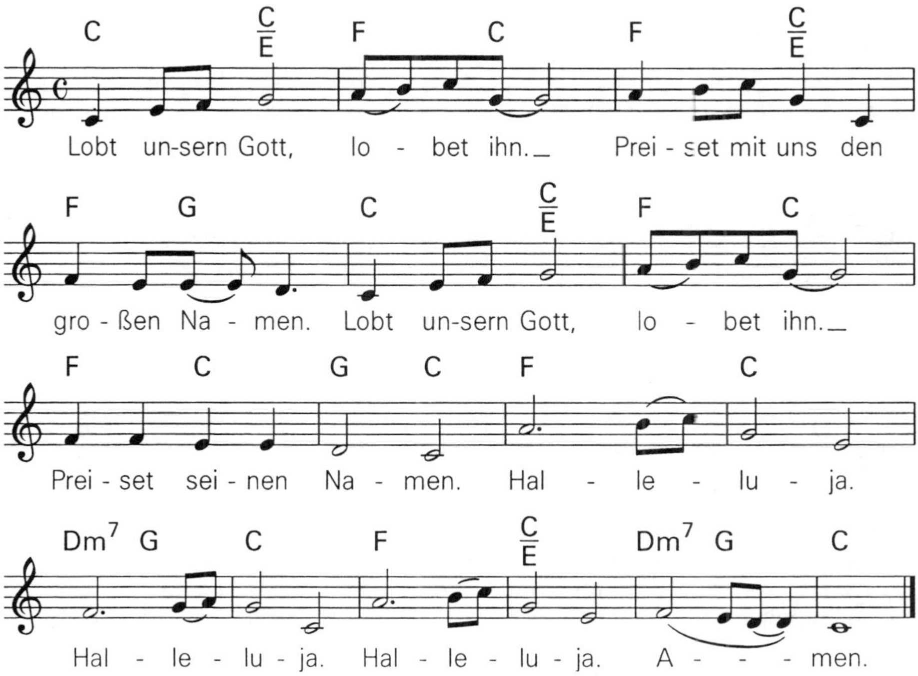
C C/E F C F C/E
Lobt un-sern Gott, lo - bet ihn. Prei - set mit uns den
F G C C/E F C
gro - ßen Na - men. Lobt un-sern Gott, lo - bet ihn.
F C G C F C
Prei - set sei - nen Na - men. Hal - le - lu - ja.
Dm7 G C F C/E Dm7 G C
Hal - le - lu - ja. Hal - le - lu - ja. A - - - men.

42

Text: Martha Müller-Zitzke 1947
Melodie: Johann Steuerlein 1575

5. Der Wald hat ihn erschauet und steht in Schmuck und Zier. Gott hat den Berg gebauet zur Zuflucht dem Getier. Das Jahr danach zu teilen, hat er den Mond gemacht. Er läßt die Sonne eilen und gibt den Trost der Nacht.

6. Den Menschen heißt am Morgen er an das Tagwerk gehn, läßt ihn in Plag und Sorgen das Werk der Allmacht sehn. Er ist der treue Hüter, wacht über Meer und Land, die Erd ist voll der Güter und Gaben seiner Hand.

7. Laß dir das Lied gefallen. Mein Herz in Freuden steht. Dein Loblied soll erschallen, solang mein Odem geht. Du tilgst des Sünders Fehle und bist mit Gnade nah. Lob Gott, o meine Seele, sing ihm Halleluja!

Text und Melodie: Ann Hughes
Deutsch: Wort des Glaubens, München

43

Originaltitel: The Mountains Declare It

44

Text und Melodie: Noel Richards
Deutsch: Matthias Pfaehler (TranServe)

1. Es ist Kraft in dem Namen Jesus. Wir vertrauen nur auf ihn. Und im Glauben an seinen Namen: Sind wir frei! Sind wir frei! Vor seinem Namen fliehn die Dämonen und die Gefang'nen werden frei! Denn es ist kein anderer Name noch größer als Jesus!

2. Es ist Kraft in dem Namen Jesus. Wie ein Schwert in unsrer Hand. Und wir rufen im Namen Jesus: Wir stehn fest! Wir stehn fest! Durch seinen Namen wird Gottes Feind vor uns vergehen und kraftlos sein. Denn es ist kein anderer Name noch größer als Jesus!

Text (nach Offb 5,12–13)
und Melodie: Thomas van Dooren

45

46

Text und Melodie: Graham Kendrick
Deutsch: Thomas van Dooren

Originaltitel: And He Shall Reign

3. Auf dem Thron in Ewigkeit, seht das Lamm, das für uns starb! Wundenmale trägt er nun für die Liebe, die er gab.

3. On the throne for ever, see the Lamb who once was slain. Wounds of sacrificial love forever shall remain.

Text und Melodie: Kommunität Gnadenthal

47

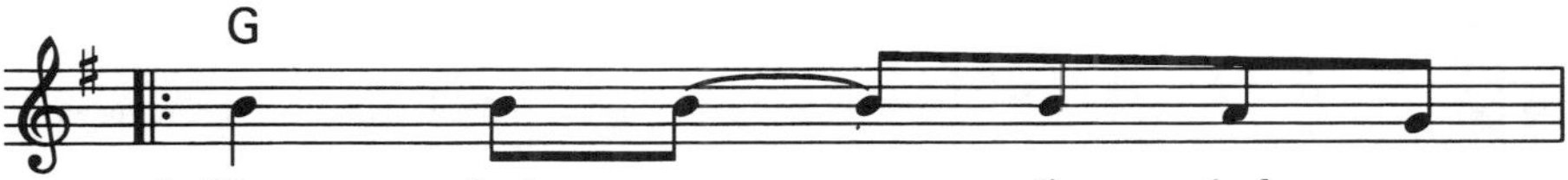

Vorschlag: Nach Strophe 4+5 im Refrain "Halleluja" singen.

48

Text und Melodie: Albert Frey

49

Text und Melodie: Gregor Breier

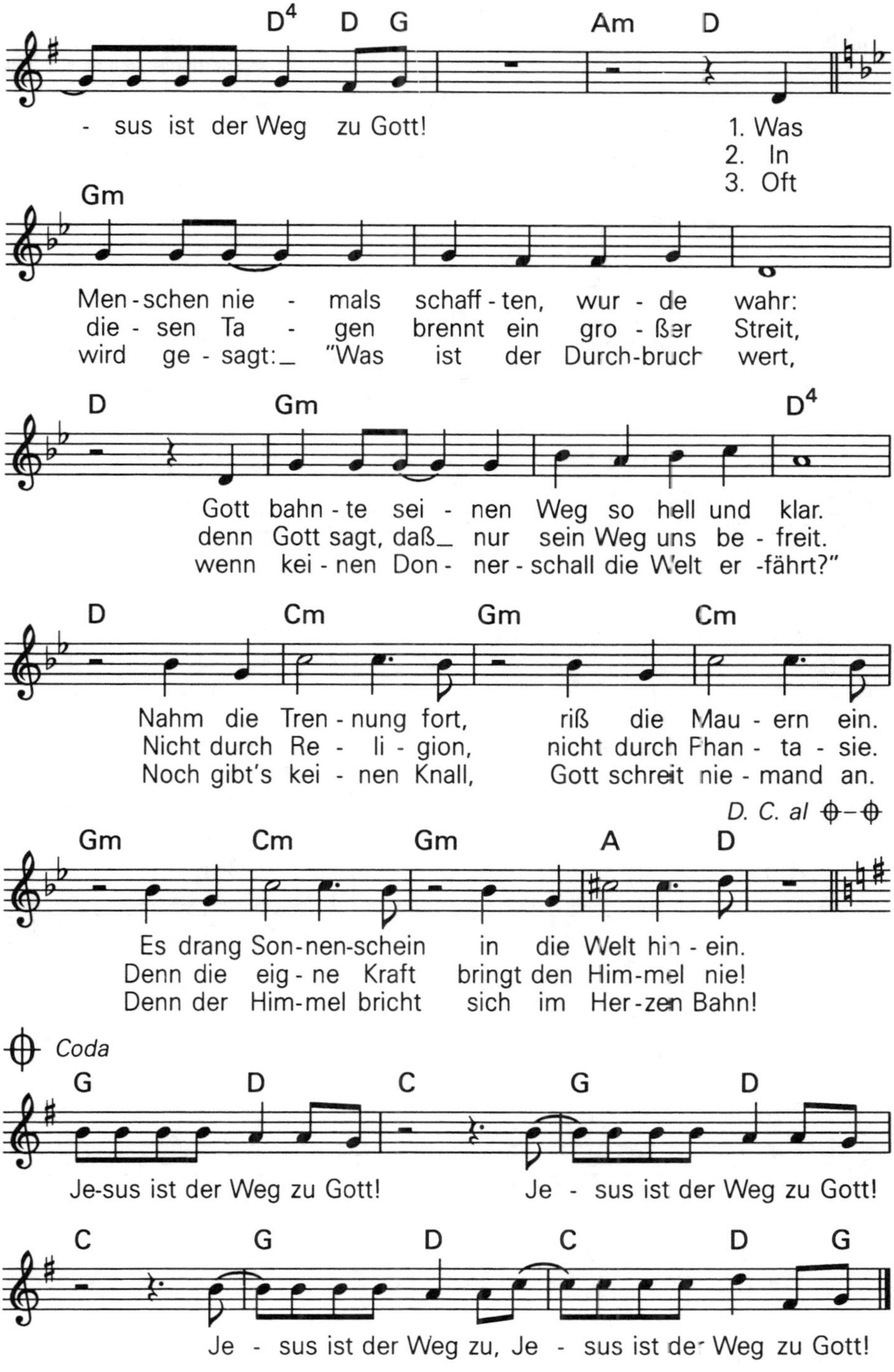
D4 D G Am D
- sus ist der Weg zu Gott!
1. Was
2. In
3. Oft
Gm
Men-schen nie - mals schaff-ten, wur - de wahr:
die - sen Ta - gen brennt ein gro - ßer Streit,
wird ge - sagt: "Was ist der Durch-bruch wert,
D Gm D4
Gott bahn-te sei - nen Weg so hell und klar.
denn Gott sagt, daß nur sein Weg uns be - freit.
wenn kei - nen Don - ner-schall die Welt er - fährt?"
D Cm Gm Cm
Nahm die Tren - nung fort, riß die Mau - ern ein.
Nicht durch Re - li - gion, nicht durch Phan - ta - sie.
Noch gibt's kei - nen Knall, Gott schreit nie - mand an.
D. C. al
Gm Cm Gm A D
Es drang Son-nen-schein in die Welt hin - ein.
Denn die eig - ne Kraft bringt den Him-mel nie!
Denn der Him-mel bricht sich im Her - zen Bahn!
Coda
G D C G D
Je-sus ist der Weg zu Gott! Je - sus ist der Weg zu Gott!
C G D C D G
Je - sus ist der Weg zu, Je - sus ist der Weg zu Gott!

50

Text: Guy Hemric
Deutsch: Manfred Siebald
Melodie: Jimmi Haskell

Originaltitel: You Can't Stop Christmas

Text (nach Phil 2,5-11; Hebr 5,8)
und Melodie: Marvin V. Frey 1977
Deutsch (Refr.): V. und J. Wicker

51

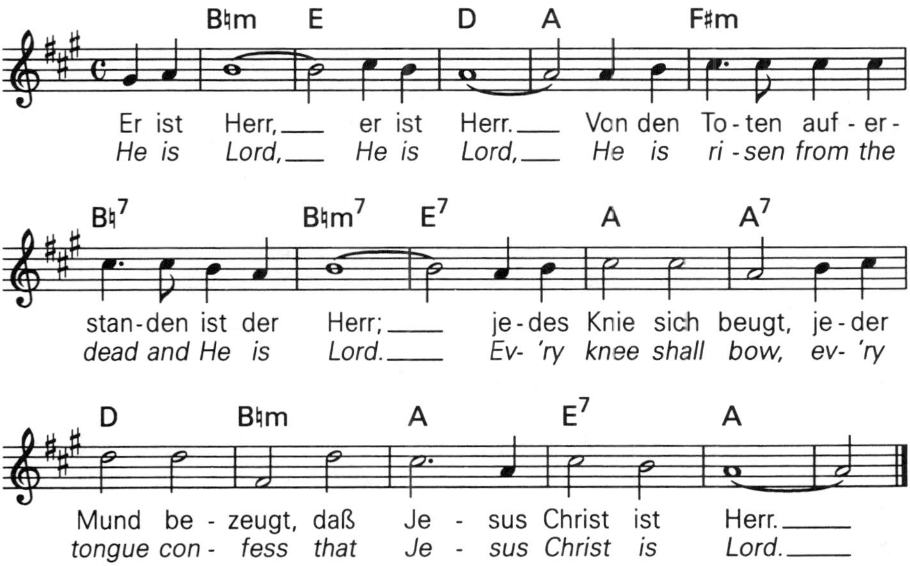

Originaltitel: He Is Lord

52

Text und Melodie: Peter Strauch

D Em A7 D B♮m
1. Herr, ich se - he dei - ne Welt, das wei - te Him-mels -
Ber - ge, Flüs - se und die Seen, die Tä - ler und die
2. Auch die Men - schen sind von dir und ha-ben Le - ben
Ist der Mensch auch sehr ent - stellt, weil er die Sün - de
Em7 A D A D
zelt, die Wun-der dei - ner Schöp - fung. Al - les
Höhn sind Zei-chen dei - ner Lie - be. Son - ne,
hier durch dei - ne gro - ße Gü - te. Füh - len,
wählt, du willst ihn nicht zer - stö - ren. Dei - ne
Em A7 D B♮m
das hast du ge - macht, den Tag und auch die
Wol - ken, Sand und Meer, die lo - ben dich so
Wol - len und Ver - stand sind Wer - ke dei - ner
Lie - be macht ihn frei von al - ler Ty - ran -
Em7 A D
Nacht; ich dan - ke dir da - für.
sehr, sie prei - sen dei - ne Macht.
Hand, ent - stam-men dei-nem Plan.
nei, wenn er auf dich ver - traut.
Refrain
G A F♯m B♮7
Dar - um be - te ich dich an, weil ich nicht schwei-gen
Em A D D7 G A
kann; die Freu-de füllt mein Sin - gen. Stau - nend ha-be ich er -

3. Herr, weil du der Herrscher bist und alles übersiehst bin ich in dir geborgen. Kleinste Wesen in der Welt, das große Sternenzelt, hältst du in deiner Hand. Du regierst auch unsre Zeit und bald ist es soweit, dann wirst du sichtbar kommen. Mit uns sehnt sich die Natur und alle Kreatur nach deiner Herrlichkeit.

Text und Melodie: Edwin Donnabauer

53

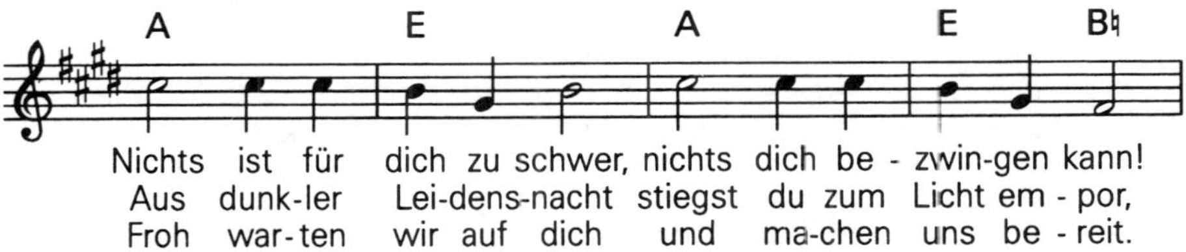

54

Text (nach Ps 103)
und Melodie: Werner Arthur Hoffmann

Text (nach 1.Tim 2,8)
und Melodie: Hartmut Nitsch

55

(Die Strophe 1 und 2 können nacheinander oder in zwei Gruppen gleichzeitig gesungen werden.)

56

Text und Melodie: Gordon Schultz
Deutsch: Elisabeth Aebi

Text (nach Joh 12,31–32; Kol 2,15)
und Melodie: Werner Schroll

57

58

Text: Jugend mit einer Mission
Melodie: Mündlich überliefert

O blessed be the Lord, (o blessed be the Lord), for his unending love, (for his unending love)! O blessed be the Lord, (o blessed be the Lord), the almighty one, (the almighty one)! |: We worship You Lord God, with all of our might, and when we turn towards You, You are our delight. :|

Text und Melodie: Mündlich überliefert

59

3. Jesus ist hier,.............. er ist so gut zu mir!

4. Er sorgt für mich,........ er ist so gut zu mir!

5. Ich folge ihm,.............. er ist so gut zu mir!

6. Jesus ist Herr,............. er ist so gut zu mir!

7. Gott ist so gut,............ er ist so gut zu mir!

60

Text und Melodie: Johannes Hopf

G C/A D C D
1. Sing Hal - le - lu - ja, sing es laut.
2. Öff - ne dein Herz und sei be - reit
G C/A D C D
Gott hat sein Reich hier auf - ge - baut.
für Got - tes gro - ße Herr - lich - keit.
G C/A D C D
Sing Hal - le - lu - ja, sing es laut.
Öff - ne dein Herz und sei be - reit
G C/A D C D
Gott hat sein Reich hier auf - ge - baut.
für Got - tes gro - ße Herr - lich - keit.
Refrain
E A B♮ A B♮ E A
Hal - le - lu - ja, Hal - le - lu - ja,
B♮ A B♮ E D E
Hal - le - lu - ja.

Text und Melodie: Johannes Hopf

Refrain
G D C D G
Gebt Je - sus all un - ser Lob.
Gebt Je - sus all un - ser Lob.
G D C D G G D
Denn, Je-sus ist doch un-ser Gott. Kommt al-le,
Denn, Je-sus ist doch un-ser Gott. Kommt al-le,
C D G G D C D G
fei-ert un-sern Herrn. Er hat al-le Men-schen gern.
Fine
fei-ert un-sern Herrn. Er hat al-le Men-schen gern.
G C D G
Fei - ert den Herrn, singt ihm ein fro - hes Lied. Er
Am G C B♮
D. C. al Fine
will mit uns fei - ern sei-nen gro-ßen Sieg.

62

Text und Melodie: Linda Stassen

2. Jesus erstand aus seinem Grab.
3. Jesus lebt in uns, seinem Leib.
4. Jesus kommt bald in Herrlichkeit.
5. Jesus ist König, Herr der Welt.

1. Sing halleluja to the Lord.
2. Jesus is risen from the death.
3. Jesus is living in His church.
4. He's coming back to claim His own.
5. Jesus is King and Lord of all.

Originaltitel: Sing Hallelujah To The Lord

Text und Melodie: Johannes Hopf

63

G C D
Herr, herr-sche du, mit-ten un-ter uns.
Herr, re-gie-re du, mit-ten un-ter uns.
G C D D D/C
Komm, wal-te un-ter uns. Oh, Herr Je-sus, wir
Komm, blei-be fest bei uns. Oh, Herr Je-sus, komm
G C G D
war-ten auf dich. Ja, wir lie-ben dich.
mit dei-nem Licht. Ja, wir se-hen auf dich.
E♭ Gm E♭ Gm
Du bist der Kö-nig. Du bist der Hei-land.
E♭ D G G/F
Du bist der Schöp-fer der Welt. Und dar-um möch-ten wir dich
C E♭ D
prei-sen. Du Herr-scher al-ler
G E♭ G
Welt. A-mem.

64

Text: Hans-Jürgen Netz
Melodie: Christoph Lehmann

Text (nach Ps 145,1–8; 146,5–8)
und Melodie: Peter West, Mary Kirkbride, Mary–Lou Locke
Deutsch: Martin Franke / Gitta Leuschner, JMEM

65

Originaltitel: Ascribe Greatness

66

Text und Melodie: Kevin Prosch

Solo
G C G
Alle
D G
Solo
I'm stand-ing here to tes - ti - fy, O, the Lord is good, to
did not think I could have peace, O, the Lord is good,
D G
Alle
D G
Solo
sing of how He changed my heart. O, the Lord is good.
trapped in - side by fear and shame. O, the Lord is good. He
C G
Alle
D G
Solo
I was bound by hate and pride, O, the Lord is good,
wiped a - way all of my grief, O, the Lord is good, when
D G
1.
Alle
D G
Solo
nev-er know-ing of His light. O, the Lord is good. I
I be - lieved up - on His name.
2.
G
Refrain
Alle
C G
Come to the light, come as you are; you can be-
D G C
the friend of God. Hum-ble your-self, give Him your heart,

G D 1. G D. C. al Fine
He will meet you where you are.
Schluß
2. G C
Come to the light, just as you are;
G D
fall on the Rock for the wa-sted years.
G C G
He will re-store all that was lost, sur-ren-der now,
D G G
His pow-er is here. Clap your hands to God.
4mal wiederholen (oder öfter) Fine
D/F♯ Em C G
Clap your hands to God.

67

Text und Melodie: Peter Strauch

5. Darum singt mit uns vom strahlenden Licht, von dem Tag, der die Nacht überwunden. Singt mit von dem, der uns Gnade verspricht, und durch den wir das Leben gefunden.

Text und Melodie: Graham Kendrick
Deutsch: Thomas van Dooren

68

Originaltitel: King Of The Nations (Come Let Us Worship Jesus)

69

Text (nach Jes 33,5; Röm 13,12; Offb 12,11)
und Melodie: Kirk und Deby Dearman
Deutsch: Jugend mit einer Mission

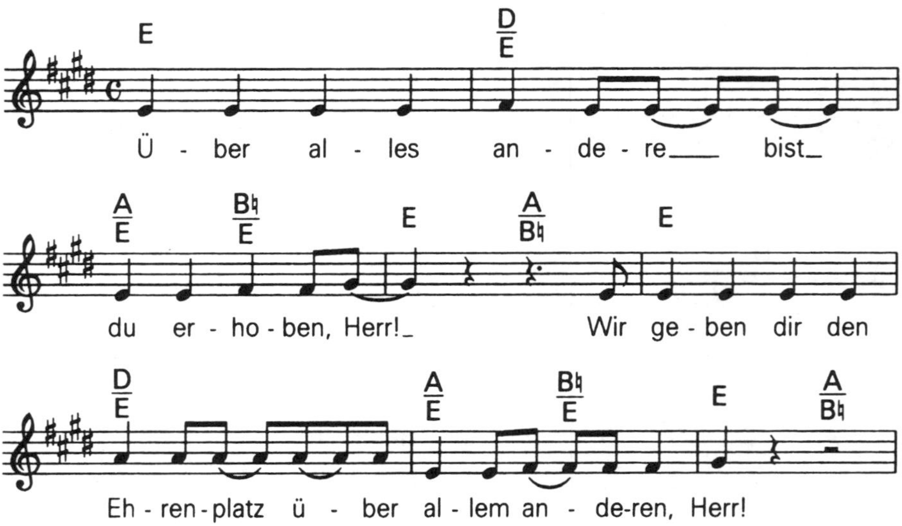

Originaltitel: Above All Else

E D/E A/E B♮/E
Hier, wo wir grad stehn und wo auch im-mer wir hin-gehn:
E A/B♮ E D/E
Wir ge-ben dir den Eh-ren-platz, und die
A/C♯ B♮4 B♮7 E
Welt muß sehn: Ein sieg-rei-cher
D/E A/E B♮ E A/B♮
Held bist du, ge-rü-stet im Pan-zer des Lichts, zer-
E D/E A/E B♮
trittst al-le fin-ste-ren Wer-ke, ver-lie-ren wer-den wir
E A/B♮ E D/E A/E B♮
nicht! Wir tri-um-phie-ren in Je-sus, ü-ber-win-den durch sein
E A/B♮ E D/E
Blut! Wir ge-ben dir den Eh-ren-platz ü-ber
A/C♯ 1. B♮4 B♮7 2. B♮4 B♮7 E
al-lem an-de-ren, Herr! Herr!

70

Text und Melodie: Deborah und Michael W. Smith
Deutsch: Mirjana Angelina

Originaltitel: Great Is The Lord

Text und Melodie: Martin Buchholz
Kanon für 4 Stimmen

71

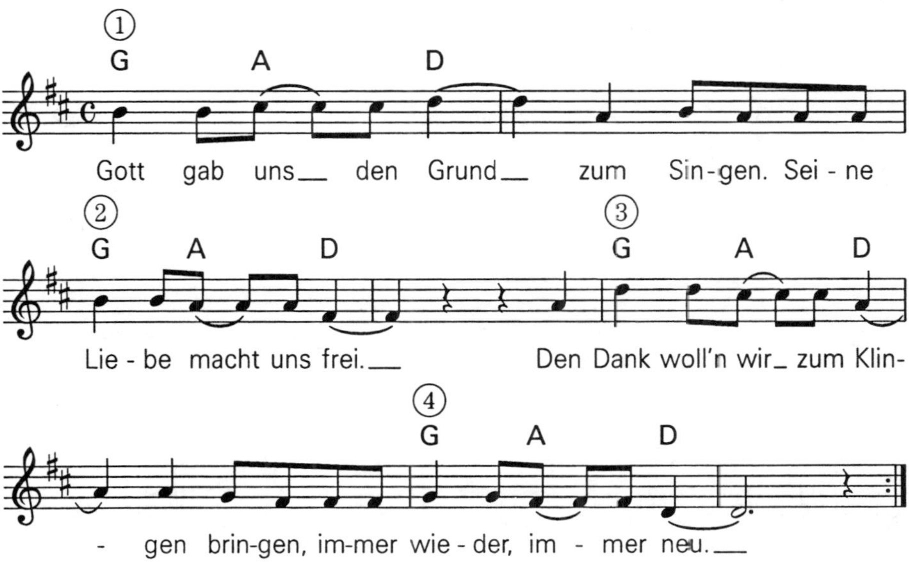

(Die Stimmen enden nacheinander.)

72

Text (nach Ps 16) und Melodie: Albert Frey

1. Schüt-ze mich, Gott, ich trau-e auf dich, nur zu dir sag' ich:
2. Ich will dir dan-ken für dei-nen Rat, in mei-nem Her-zen
du bist mein Herr, mein gan-zes Glück liegt al-lein bei dir.
hör' ich auf dich. Du bist mir na - he und lei-test mich.
Herr, was ich brau-che, teilst du mir zu,
Wenn du mir bei-stehst, ste-he ich fest,
du hältst mein Le-ben in dei-ner Hand, gibst mir mein Er-be
ich bin ge-bor-gen in dei-ner Hand. Herr, du er-füllst mich
auf gu-tem Land.
mit Lob und Dank.
Refrain
Du zeigst mir den Weg, den Weg zum Le-ben, du läßt mich nicht im Tod zu rück. Du hast mich er-füllt,
er-füllt mit Freu-de, aus dei-ner Hand kommt e-wi-ges Glück.

Text und Melodie: Gerhard Schnitter

73

Refrain
E A E A E
Ge-wählt! Du hast ge-wählt. Ich kann es kaum fas-sen, ich
F♯m B♮ E A E
bin ge-wählt! Mein Gott, ganz un-ver-dient hast
G♯ F♯m B♮ E Fine C♯m F♯m
du dich ent-schie-den für mich.
1. Noch e-he du, Herr,
2. Die Wahl ist gül-tig.
3. Mit dir ver-bun-den
B♮ C♯m
für uns die Welt ge-macht, hast du in
Ich nehm sie ger-ne an, auch wenn mein
wird Le-ben le-bens-wert. Du schenkst die
F♯m B♮ E
Lie-be zu-erst an uns ge-dacht.
Le-ben dann nicht so blei-ben kann.
Frei-heit, die an-dre sieht und ehrt.
F♯m B♮ G♯m
Und noch be-vor sich das eig-ne Le-ben
Du wirst mich än-dern. Ich soll dir ähn-lich
Sie froh zu ma-chen ist mehr als Selbst-ge-
D. C. al Fine
C♯m F♯m B♮4 B♮
regt, hast du dich längst schon auf uns fest-ge-legt.
sein, und du setzt mich so-gar zum Er-ben ein.
nuß, weil ich nicht nur mir sel-ber le-ben muß.

74

Text (nach Röm 8,31-39)
Melodie: Danny Plett
Deutsch: Christoph Zehendner

* *Alternative:* Em7 / F♯m7 / F♯m7

Originaltitel: Let Me Be
Aus: Die Freude ist mein Lied"

75

Text und Melodie: Lothar Kosse
Deutsch: Cary Buraty und Albert Frey

Originaltitel: Jesus, You're Everything To Me

Text und Melodie: Albert Frey

1. Je - sus, nimm mich, nun ge -
2. Herr, mach mich rein, oh - ne
3. Ur-sprung und Ziel al - len
hört mein Le - ben dir. Komm und zer - brich
dich ist mein Tun nichts. Hilf mir, zu sein
Le - bens auf der Welt. Un - faß-bar viel,
al - len Ei-gen-sinn in mir. Ich bin be - reit,
wie ein Spie-gel dei - nes Lichts. Al - les in mir
das durch dich zu -sam-men hält. Noch ist nicht klar,
dir zu fol-gen, Tag für Tag. Für al - le-zeit
soll in die-sem Licht be - stehn, rein sein vor dir,
was wir nur im Glau-ben sehn. Mach of - fen-bar,
gel-te, was auch kom-men mag:
da-mit an - d're an mir sehn:
laß die Welt durch uns ver - stehn:
Refrain
Je - sus Chri-stus ist der Herr, Je - sus Chri-stus ist der Herr,

B♮ C♯m A E A B♮ A E/G♯
Je-sus Chri-stus ist der Herr, Je-sus
1.+2. A B♮
Chri-stus ist der Herr.
3. A B♮ E
Chri-stus ist der Herr.

Text und Melodie: Manfred Siebald

77

Refrain
A E B♮m F♯m E
Komm in un - ser dür-res Le - ben. Je-sus, nur wenn du es füllst,
C♯m D E7 B♮m A Fine
kann es wach-sen, kann es blü - hen, Früch-te tra - gen, wie du willst.
F♯m C♯m
1. Komm in un - ser trock - nes Den - ken,
2. Komm in uns - re wel - ken Wor - te,
3. Komm in un - ser schwa-ches Han - deln,
D A B♮m
das ver-küm-mert ist und klein. Hilf uns, mehr vor dir zu
die nur ra-scheln, oh - ne Saft. Hilf uns, mehr vor dir zu
das so oft im Keim er - stickt. Hilf uns, mehr vor dir zu
A B♮m E D. C. al Fine
stau - nen, und dann wird es grö - ßer sein.
schwei-gen, und dann gib den Wor-ten Kraft.
ru - hen, mach uns mu - tig und ge-schickt.

78

Text und Melodie: Lenny Le Blanc
Deutsch: Martin Pepper

Originaltitel: There Is None Like You

Text (nach Sach 13,9; Mal 3,3)
und Melodie: Brian Doerksen
Deutsch: Immanuel Lobpreiswerkstatt

79

Text (nach Joh 7,37-39)
und Melodie: John Watson
Deutsch: Rudolf Kassühlke

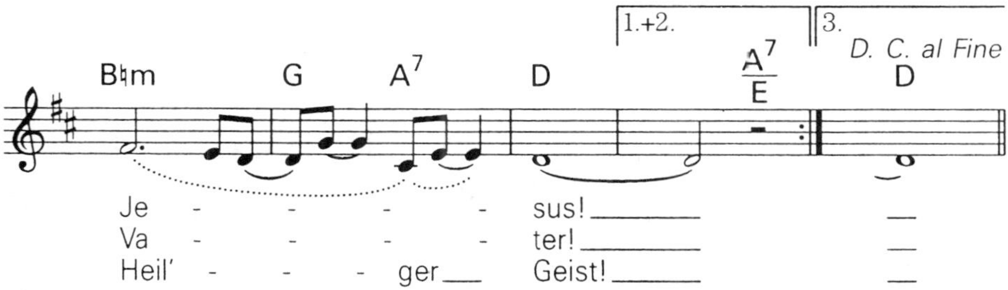

Text (nach Hebr 4,15)
und Melodie: Steve Mc Peek
Deutsch: Gitta Leuschner, JMEM

81

Originaltitel: Embraced By Your Mercy
Dt. Übersetzung und Arrangement:

82

Text: Manfred Siebald
Melodie: Johannes Nitsch

A7 D Em7 D/F♯ G A4 A
und ich kann so zu dir kom-men, wie ich bin.
denn bei dir darf ich mich ge - ben, wie ich bin.
D G A4 A D
3. Je - sus, bei dir muß ich nicht blei-ben, wie ich bin.
G D A4 A
Nimm fort, was mich und an - de - re zer - stört.
G A D A D
Ei-nen Men-schen willst du aus mir ma-chen, wie er dir ge-fällt,
G D Em Em7/A
der ein Brief von dei-ner Hand ist, vol-ler Lie-be für die Welt.
B♮m B♮m/A B♮m/G♯ G
Du hast schon seit lan-ger Zeit mit mir / für mich das Be-ste nur im Sinn.
1. 2.
A7 D Em7 D/F♯ G A4 A A4 A
Dar-um muß ich nicht so blei-ben, wie ich bin. bin.

83

Text und Melodie: Unbekannt
Deutsch: Gitta Leuschner, JMEM

Originaltitel: Lord, I Love You
Dt. Übersetzung und Arrangement:

Text (nach Jak 5,11)
und Melodie: Graham Kendrick
Deutsch: Manfred Schmidt

Originaltitel: O Lord, Your Tenderness

85

Text und Melodie: Wolfgang Dennenmoser

D G D
O Herr, sprich nur ein Wort,
G Em A G A D
so wird mei - ne See - le ge - sund. O Herr,
G D/F♯ Em A D Fine
sprich nur ein Wort, so wird mei - ne See - le ge-sund.
B♮m F♯m G D
Hö - re, wenn ich ru - fe, hö - re du mein Schrei'n.
Em7 D/F♯ B♮m7 A
Hö - re mei - ne Stim - me, Herr, mach du mich rein.
B♮m F♯m G D
Herr, ich su - che dich, Herr, ich brau - che dich.
Em7 A D. C. al Fine
Sprich dein Wort und hei - le mich.

Text und Melodie: Lukas Di Nunzio

Refrain
Em Am6 B♮4
Le-ben aus der Quel-le, Le-ben nur aus dir, Le-ben aus der
B♮7 Em (F♯7) (B♮7) Em
Quel-le des Le - bens. Le-ben aus der Quel-le,
Am6 B♮4 B♮7 Em
Le-ben nur aus dir, Le-ben aus der Quel-le des Le - bens.
Em Am D
1. Und du er - forschst mich, ver - än - derst mein Den-
2. Hilfst mir zu schwei - gen und auf dich zu war-
3. Willst mich ge - brau - chen, als Salz für die Er-
G Em B♮4 B♮
- ken, nur noch aus dir will ich le-ben, oh Herr.
- ten, nur noch aus dir will ich le-ben, oh Herr.
- de, nur noch aus dir will ich le-ben, oh Herr.
Em Am D
Und du er - forschst mich, ver - än - derst mein Den-
Hilfst mir zu schwei - gen und auf dich zu war-
Willst mich ge - brau - chen, als Salz für die Er-
G Em Am6 B♮7 Em
- ken, nur noch aus dir will ich le-ben, oh Herr.
- ten, nur noch aus dir will ich le-ben, oh Herr.
- de, nur noch aus dir will ich le-ben, oh Herr.

87

Text und Melodie: Martin J. Smith
Deutsch: Cornelia und Matthias Lutzweiler

Herr, hier ist mein Herz, ich streck mich aus nach dir. Jesus, nimm mich ganz und leite mich. Herr, hier ist mein Herz, ich streck mich aus nach dir, und laß mich für dich ein Opfer sein.

Und dich nur preis ich Herr. (Herr, ich preise dich.) Denn du gabst dich aus Liebe hin. (Du gabst dich aus Liebe hin.) Du bist jetzt unter uns. (Du bist hier.) Wir sehen deine Macht.

Text und Melodie: Bob Cull
Deutsch: Gitta Leuschner, JMEM

88

Originaltitel: Open Our Eyes, Lord

89

Text (nach Joh 1,5;3,19-21; 2.Kor 3,18)
und Melodie: Graham Kendrick
Deutsch: Manfred Schmidt

Originaltitel: Shine, Jesus, Shine (Lord, The Light Of Your Love)

3. Schaun wir, König, zu deinem Glanze auf, dann strahlt dein Bild auf unserem Antlitz auf. Du hast Gnade um Gnade gegeben, dich widerspiegelnd erzähl' unser Leben von deinem Licht, von deinem Licht!

3. As we gaze on Your kingly brightness so our faces display Your likeness. Ever changing from glory to glory, mirrored here may our lives tell Your story. Shine on me, shine on me.

90

Text und Melodie: Daniel Jacobi

E
B♮/E
1. Va - ter, ich kom - me jetzt zu dir, als dein
2. Va - ter, du gibst mir, was ich brauch, du emp-
A/E
E/B♮
B♮
Kind lauf ich in dei - ne Ar - me.
fängst mich mit of - fe - nen Ar - men.
E
B♮/D♯
C♯m
Ich bin ge-bor-gen, du stehst zu mir, lie-ber Va - ter.
Du füllst all mei - ne Sehn-sucht aus, lie-ber Va - ter.
Refrain
B♮
E/G♯
A
B♮
B♮/A
Va-ter, bei dir bin ich zu Hau - se, Va-ter, bei dir
E/G♯
A
B♮
E
A/C♯
ber-ge ich mich. Va-ter, bei dir fin-de ich Ru-
B♮
A
A/B♮
E
- he, oh mein Va - ter, ich lie - be dich.

91

Text und Melodie: Mark Pendergrass
Deutsch: Gitta Leuschner, JMEM

1. Das Höch-ste mei - nes Le-bens ist:_ Dich ken-nen, Herr! ___
2. Das Höch-ste mei - nes Le-bens ist:_ Dich lie-ben, Herr! ___
1. The great-est thing in all my life_ is know-ing You. ___
2. The great-est thing in all my life_ is lov-ing You. ___

Das Höch-ste mei-nes Le-bens ist:_ Dich ken-nen, Herr! ___
Das Höch-ste mei-nes Le-bens ist:_ Dich lie-ben, Herr! ___
The great-est thing in all my life_ is know-ing You. ___
The great-est thing in all my life_ is lov-ing You. ___

Dich ken-nen mehr und mehr, dich ken-nen mehr und mehr._
Dich lie-ben, mehr und mehr, dich lie-ben mehr und mehr._
I want to know You more, I want to know You more._
I want to love You more, I want to love You more._

_ Das Höch-ste mei - nes Le-bens ist:_ Dich ken - nen, Herr!
_ Das Höch-ste mei - nes Le-bens ist:_ Dich lie - ben, Herr!
_ The great-est thing in all my life_ is know - ing You.
_ The great-est thing in all my life_ is lov - ing You.

3. |: Das Höchste meines Lebens ist: Dir dienen, Herr! :| Dir dienen mehr und mehr, dir dienen mehr und mehr. Das Höchste meines Lebens ist: Dir dienen, Herr!

3. |: The greatest thing in all my life is serving You. :| I want to serve You more, I want to serve You more. The greatest thing in all my life is serving You.

Text und Melodie: Mark Heard
Deutsch: Christoph Zehendner

Originaltitel: He Will Listen To You

Text und Melodie: Don Harris und Martin J. Nystrom
Deutsch: Daniel Jacobi und Holger Petri

Originaltitel: Jesus, I Am Thirsty (More Of You)

94

Text (nach Phil 3,7-11)
und Melodie: Graham Kendrick
Deutsch: Thomas van Dooren

Originaltitel: All I Once Held Dear (Knowing You)

3. Deine Kraft der Auferstehung sehn, die Gemeinschaft deiner Leiden verstehn. Gleich zu werden wie du in deinem Tod und für ewig leben mit dir, mein Gott!

3. Oh, to know the power of Your risen life, and to know You in Your sufferings. To become like You in Your death, my Lord, so with You to live and never die.

Text und Melodie: Larry Lea
Deutsch: Gitta Leuschner, JMEM

95

Originaltitel: My Heart, My Mind, My Body, My Soul (A Living Sacrifice)

96

Text und Melodie: Arnold Börud
Deutsch: Diethelm Strauch

Originaltitel: Jesus her er jeg

Text und Melodie: Craig Musseau
Deutsch: FCJG Lüdenscheid

Originaltitel: I Sing A Simple Song Of Love (Arms Of Love)

98

Text und Melodie: Keith Green

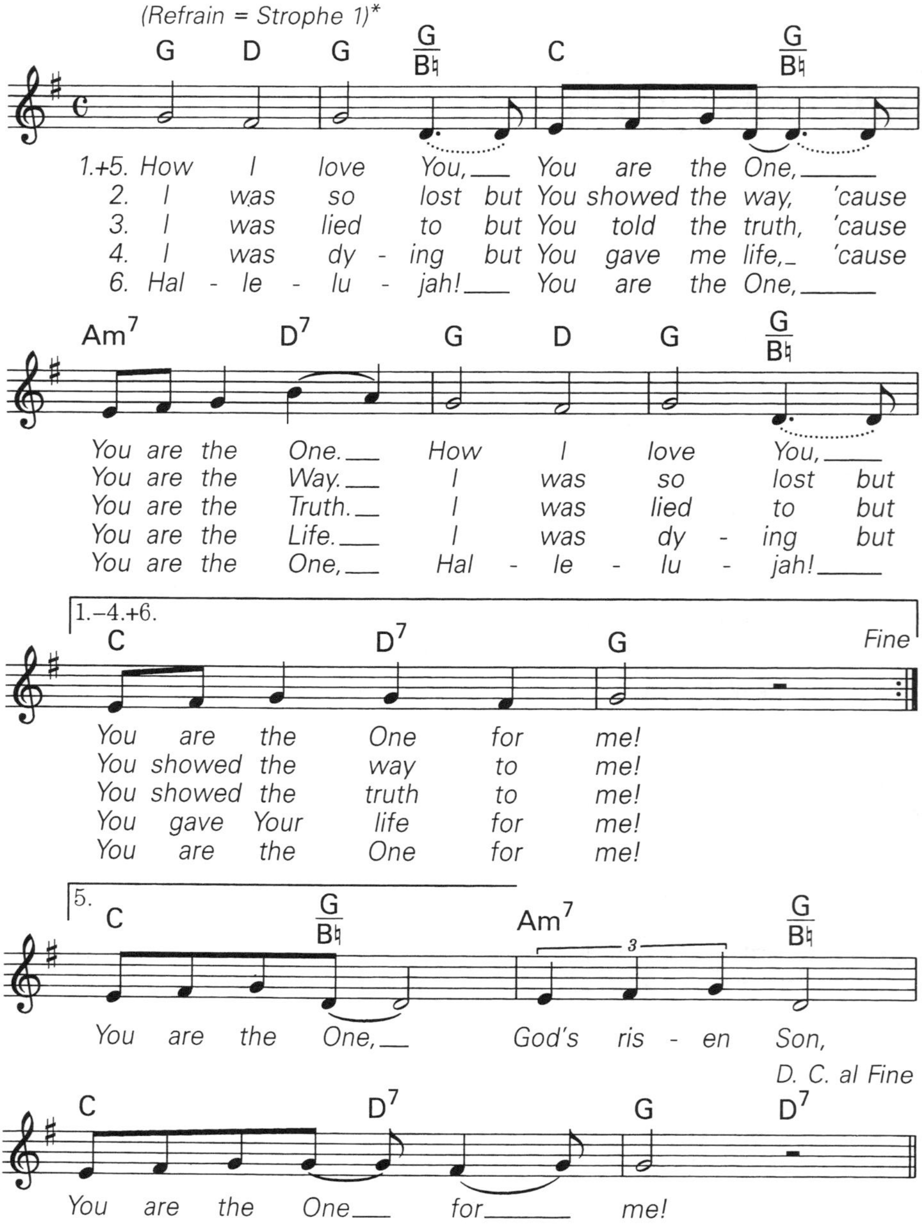

*) Strophe 1 kann auch jeweils als Refrain gesungen werden.

Originaltitel: How I Love You (You Are The One)

Text und Melodie: Werner Arthur Hoffmann

99

Aus: "Wag den Sprung"

100

Text und Melodie: Christoph Bevers 1986

Refrain
D A B♮m
Herr, wir sind zu dir ge - kom - men,
G Em A4 A
um in dei - nem Dienst zu stehn.
D A B♮m
So, wie du uns an - ge - nom - men,
G Em A7 D
laß uns un - sern Näch - sten sehn.
Fine
Em A4 3 F♯m B♮m
1. Du bist das Licht der Welt. Du hast die Nacht er - hellt.
2. Du bist das "A" und "O". Du machst mich wie - der froh.
3. Du nur bist Gott und Herr. Dir sei Lob, Preis und Ehr.
D. C. al Fine
G Em C A4 A
Mit - ten in all dem Leid, hast du uns be - freit.
Und ich will wie ein Kind, dir ver - trau - en blind.
Jetzt und zu je - der Zeit, und in E - wig - keit.

Text und Melodie: John Barnett
Deutsch: FCJG Lüdenscheid

Originaltitel: Father Of Lights

Text und Melodie: Jude del Hierro
Deutsch: Ute Spengler

Originaltitel: More Love, More Power

103

Text (nach Ps 86,10-12): David Garratt
Deutsch: Gitta Leuschner
Melodie: David Garratt

Originaltitel: For Thou Art Great

104

Text (nach Ps 34,6)
und Melodie: Wayne und Cathy Perrin
Deutsch: Thomas van Dooren

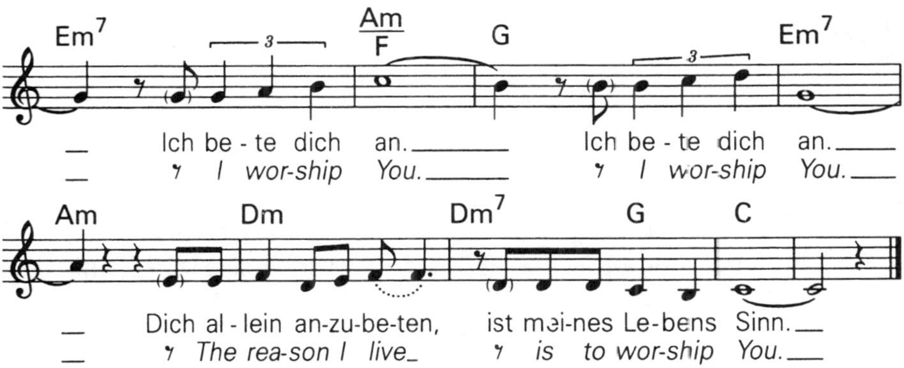

Text und Melodie: Glenn Kaiser
Deutsch: Gerhard Schnitter

105

Originaltitel: Behold The Lamb Of God

106

Text und Melodie: Martin Smith
Deutsch: Jörg Swoboda

Originaltitel: Thank You For Saving Me

Refrain
B♮(A2) E B♮4 B♮ B♮(A2) E B♮4
Groß bist du,_ Herr.___ Groß bist du,_ Herr.
Great is the_ Lord.___ Great is the_ Lord.
B♮ C♯m A E A B♮
Dei-ne Wahr-heit hat mich frei ge - macht,
For we know Your truth has set us free;
B♮ B♮(A2) E B♮7 E
und Hoff - nung gabst du mir.___
You've set Your hope in me.___
Coda
E B♮/D♯ A/C♯ A B♮7 E
Weil du mein Ret - ter bist, dar-um dank ich dir.
Thank You for sav - ing me; what_ can I say?

107

Text (nach Mi 7,18-20)
und Melodie: Albert Frey

C F/C G/C C
Du hast_ Er - bar-men und_ zer - trittst all mei - ne Schuld._
C F/A C/G G
Du hilfst_ mir auf in dei - ner Treu - e und_ Ge - duld._
C F/C G/C C
Du nimmst mir mei - ne Last,_ nichts ist für dich_ zu schwer.
Dm7 C/E F G
Du wirfst all mei - ne Sün - den tief hin-ab_ ins Meer._
Am F G C/E
Wer ist_ ein Gott wie_ du,_ der die Sün - de_ ver -
F C G Am
zeiht und_ das Un - recht ver - gibt? Wer ist_ ein
F G C/E F
Gott wie_ du,_ nicht für im - mer_ bleibt dein Zorn_ be -
C G F C
stehn, denn_ du liebst es, gnä - dig_ zu sein.

Text (nach Röm 8,15-16; Eph 1,5-6)
und Melodie: Ian Smale
Deutsch: Helga Koenig

108

Originaltitel: Father God I Wonder (I Will Sing Your Praises)

109

Text und Melodie: Stefan Dennenmoser

Refrain
E C#m7
Du bist gut, Herr, wahr-haft gut, Herr,
F#m7 B♮ E
dar-um hof-fe ich fest auf dich. Du bist gut, Herr,
C#m7 F#m7 B♮ E Fine
machst mir Mut, denn dei-ne Treu-e läßt mich nicht im Stich.
A E B♮ E
1. Du bist der Halt und der Sinn mei-nes Le - bens, drum
2. All mei-ne Ta - ge will ich auf dich bau - en, in
F#m7 C#m7 B♮ E
set-ze ich all mein Ver-trau - en auf dich.
jeg-li-cher La - ge dich prei - sen, mein Herr. Ich
A E B♮ C#m7
Wer auf dich hofft, der hofft nie - mals ver-ge - bens, ich
wün-sche mir so, dei-ne Schön-heit zu schau-en, dir
F#m7 B♮ D. C. al Fine
seh's und be - greif es doch nicht.
ähn-lich zu sein im-mer mehr.

Text und Melodie: Albert Frey

110

Du bist_ mei-ne Zu-flucht und Stär - ke,_
du bist_ mei-ne Hil-fe in Not._ Du bist_ mei-ne
Kraft, wenn ich schwach bin,_ du bist mein Herr und mein Gott._
Du bist_ mei-ne Freu-de im Le - ben,_
du bist_ mei-ne Hoff-nung im Tod._ Du bist_ mei-ne
Zu-kunft für im - mer,_ du bist mein Herr und mein Gott._
Fine
Du bist hier, auch wenn ich dich nicht spü - re,_
du bist treu, wenn ich un-treu bin._ Du ver-stehst mei-ne
tief-sten Ge-füh - le,_ du liebst mich so, wie ich bin._
D. C. al Fine

111

Text und Melodie: Noel Richards
1. Textversion: Unbekannt
2. Textversion: Markus Rahn

2. Textversion

Die Majestät legtest du ab, kamst in unsre Welt herab, littest unter denen, die du selbst erschaffen. Meine Schuld nahmst du von mir, zahltest selbst am Kreuz dafür, wurdest auferweckt und bist nun hoch erhaben.
Ich möchte dich anbeten, dich erfreun, dir gehört mein Herz, und ich bin dein, für immer und ewig, Jesus Christus. Du bist der einzige, der für mich starb und für mich sein Leben gab, deshalb möchte ich dir singen und dich loben.

Text und Melodie: Werner Arthur Hoffmann

112

Aus: "Wag den Sprung"

113

Text: Johannes Jourdan
Melodie: Bernd Arhelger

Aus: "Die besondere Note"

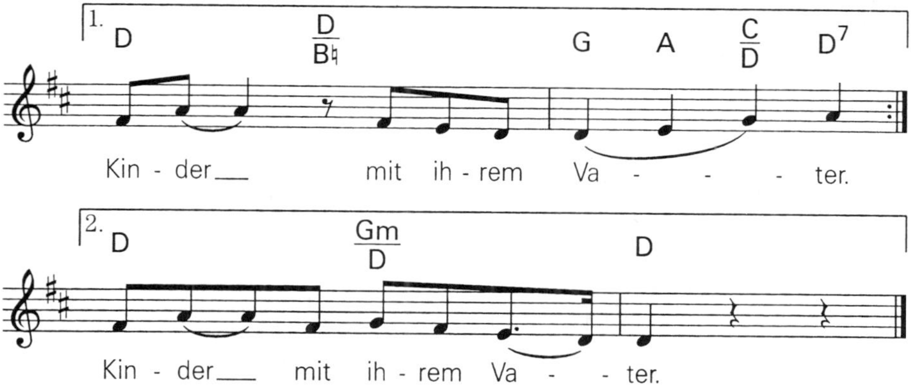

Text und Melodie: Eddie Espinosa
Deutsch: Wolfgang Fragner

114

Originaltitel: Change My Heart, O God

115

Text: Peter Strauch
Melodie: Johannes Nitsch

Refrain
E C♯m F♯m
Je - sus, lei - te mich mit dei - nen Au - gen! Ich will
dei - ner Kraft will ich es wa - gen. Oh - ne
F♯m B♮ E
gehn, weil du mich ge - hen heißt. Doch weil
dich ge - lingt der Auf - trag nicht. Doch weil
G♯m C♯m F♯m
mei - ne Kräf - te nicht viel tau - gen, bit - te
du mich sen - dest, will ich sa - gen: „Je - sus,
1.
F♯m B♮4 B♮7
ich um dei - nen star - ken Geist: Nur in
2.
F♯m B♮7 E Fine
ich will ge - hen. Sen - de mich."
A B♮7
1. Vor mir liegt nun dei - ne Welt wie ein
2. Doch das ist so schnell ge - sagt. Wie oft
3. Herr, ich stau - ne ü - ber dich. Un - ver -

G♯m C♯m F♯m B♮7
wei-tes Ern - te-feld, doch so oft ver-schla-fe ich die
ha - be ich ver-sagt?! Mein Ver - spre - chen lö - ste ich nicht
än-dert hältst du mich. Ich ver - sa - ge, a - ber du bleibst
G♯4 G♯ C♯m
Zeit. Herr, er - wek - ke un - ser Land! Weck dein
ein. From-me Wor - te, so ver-traut, hab ich
treu. Un -ver - gleich-lich, wie du liebst, wie du
A
Volk, das du ge - sandt! Wek - ke
all - zu - oft ge - braucht. Hilf mir,
mir die Schuld ver - gibst. Vol - ler
D. C. al Fine
F♯m B♮4 B♮
mich! Ver - treib die Mü - dig - keit!
Herr, laß mich kein Heuch - ler sein!
Dank er - bit - te ich es neu:

116

Text (nach Klgl 3,22-23)
und Melodie: Hartmut Nitsch

Text und Melodie: Noel and Tricia Richards
Deutsch: Thomas van Dooren (TranServe)

117

118

Text: Gisela Spitzer-Klonk
Melodie: Siegfried Fietz

119

Text und Melodie: Brian Doerksen
Deutsch: FCJG Lüdenscheid

Originaltitel: Lord, Break The Power Of Idols (No Other Gods)

120

Text und Melodie: Christlicher Jugendbund Bayern

Text und Melodie: Manfred Siebald

121

D F♯ B♮m
1. Wir kom-men her, um dich zu su - chen –
2. Wir kom-men, um auf dich zu hö - ren –
G Em A Em
du hast schon lan - ge uns ge-sucht. Wir hof-fen sehr, dich
du machst uns erst die Oh - ren frei. Wir mü-hen uns, mit
A D(maj7) Em F♯
hier zu fin- den – du fandst uns längst auf uns - rer Flucht.
dir zu re- den – du stehst noch un - serm Stam-meln bei.
B♮m B♮ Em
Wir sit - zen hier, um dich zu lo- ben – du schenkst uns selbst das
Wir möch-ten dir ein Op - fer brin-gen, doch uns - re Hand füllst
Em A A
Lied da - zu. Wir ha-ben vor, dir hier zu die - nen,
du al - lein. Wir wol-len uns - re Zeit dir ge- ben –
D Em A A G/A
doch wer vor al - lem dient, bist du.
du lädst zur E - wig - keit uns ein.
(nächste Seite Refrain)

122

Text und Melodie: Noel Richards & Gerald Coates
Deutsch: Cary & Albert Frey

Originaltitel: Great Is The Darkness

G D G C
Hoff - nung zer-bricht trotz vie - ler,_ die kämpf - ten_ für
kom - men dein Heil, zu de - nen, die glau - ben_ an
Not ist_ vor- bei und Herr - scher knien vor dei - nem
hope - less de-spair, though ma - ny_ have come in_ Your
D Am Em D
dich. Ge - gen Ver-nunft auf_ der Welt
dich. Hilf, daß dein Licht durch uns strahlt
Thron. Dann ist_ der Auf - trag er - füllt,
name. Watch - ing_ while san - i - ty dies,
Am Em C D
hat sich die Lü - ge_ ge - stellt._
und dei - ne Wie - der - kunft naht._
auf e - wig sind wir_ ver - eint._
touched by_ the mad - ness and lies._
Refrain
G D7/G G D C G
Komm, Herr Je - sus, komm, Herr Je - sus,
Come, Lord Je - sus. Come, Lord Je - sus.
G C D G D7/G G
dein Geist er - fül - le_ uns neu. komm, Herr Je - sus,
Pour out Your Spir- it_ we pray. Come, Lord Je - sus.
D C G G C D G
komm, Herr Je - sus, dein Geist er - fül - le uns heu - te neu.
Come, Lord Je - sus. Pour out Your Spir-it on us to-day.

123

Text (nach Ps 143,8)
und Melodie: Carsten Groß

Dm C/F F
Laß mich am Mor - gen hö - ren dei - ne Gna - de;
B♭ Dm C
denn ich hof - fe, Herr, auf dich. Laß mich am
F C/D Dm B♭ A7
Mor-gen hö-ren dei-ne Gna-de; denn ich hof - fe, Herr, auf dich.
Dm B♭ C B♭/F F
Tu mir kund den Weg, den ich geh'n soll. Tu mir
B♭ C F B♭ C
kund den gu - ten Weg. Tu mir kund den Weg, den ich
A/C♯ Dm B♭ C F
geh'n soll: denn mich ver - langt nach dir!

Text (nach Phil 4,4-7)
und Melodie: Werner Arthur Hoffmann

Aus: "Wag den Sprung"

125

Text (nach Ps 24,8; Jer 20,11; 2.Kor 12,10)
und Melodie: Mike Massa
Deutsch: Glaubenszentrum Bad Gandersheim

Originaltitel: The Lord, He Is A Warrior

Text (nach Ps 19,2;40,6; Offb 7,10-12): Noel Richards
Deutsch: Mirjana Angelina
Melodie: Tricia Richards

126

(Deutsch mit rhythmischen Veränderungen)

1. Der Himmel zeugt von der Herrlichkeit des Herrn der Herrn. 𝄾 Wer ist ihm gleich, dem einzig Auferstandenen? In Ewigkeit bist du das Lamm auf Gottes Thron. Ich beuge meine Knie und bete an den Sohn.

2. Verkündigt laut 𝄾 die Herrlichkeit des Herrn der Herrn, der geopfert ward, die Menschheit zu erlösen. In Ewigkeit bist du das Lamm auf Gottes Thron. Ich beuge meine Knie und bete an den Sohn.

Originaltitel: All Heaven Declares

127

Text (nach Ps 103,3-4; Jes 53,4-5; 1.Joh 3,8b)
und Melodie: Horst und Inge Wallis

Text (nach 2.Kor 12,9)
und Melodie: Martin J. Nystrom
Deutsch: Ken Janz, Martin Pepper

Originaltitel: Your Grace Is Sufficient

129

Text (nach 1.Sam 17,47; Jes 54,17; Eph 6,10-17; Offb 7,12)
und Melodie: Jamie Owens-Collins
Deutsch: Ingrid Schemer

130

Text (nach Ps 75,2)
und Melodie: Steve Smith
Deutsch: Jim Mills

Originaltitel: We Give Thanks To Thee, O Lord

131

Text (nach Röm 12,12f)
und Melodie: Diethelm Strauch

132

Text (nach Neh 8,10b)
und Melodie: Kommunität Gnadenthal 1985

133

Text (nach 2.Kor 5,19-21; Joh 8,36)
und Melodie: Eva Lowen

Text (nach Jes 61,3)
und Melodie: Charlie Mathews
Deutsch: Glaubenszentrum Bad Gandersheim / TranServe

134

Originaltitel: He Turned My Mourning Into Dancing

135

Text: Christfried Wendt
Melodie: Christfried Wendt/Christoph Lange

G F♯m
wä - re auch Fin - ster-nis nicht fin-ster bei dir, und die
Du kennst mein Herz das so bö - se ist; trotz-dem
und dein Geist der macht mich be - reit, hin - zu -
B♮m F♯4 F♯7
Nacht leuch-tet wie der Son-nen - schein.
machst du mich ge - - sund.
zie - hen in dein Reich.
Refrain
B♮m Em B♮m B♮m
Denn Fin-ster - nis ist Licht bei dir,
G A B♮ B♮
und des-halb dank ich dir da - für,
G F♯ Em F♯
denn du er-forschst mein Herz, siehst mei-nen Sinn.
Em B♮m A B♮m
Nur du kennst mei-nen Weg und weißt, wer ich bin.

136

Text: Paul Gerhardt, 1607-1676
Melodie: Bartholomäus Gesius 1603
bei Georg Philipp Telemann 1730

Melodie 1:

Text: Paul Gerhardt, 1607-1676
Melodie: Michael Haydn, 1737-1806

Melodie 2:

2. **Dem Herren** mußt du trauen, wenn dir's soll wohlergehn; auf sein Werk mußt du schauen, wenn dein Werk soll bestehn. Mit Sorgen und mit Grämen und mit selbsteigner Pein läßt Gott sich gar nichts nehmen: es muß erbeten sein.

3. **Dein** ewge Treu und Gnade, o Vater, weiß und sieht, was gut sei oder schade dem sterblichen Geblüt; und was du dann erlesen, das treibst du, starker Held, und bringst zum Stand und Wesen, was deinem Rat gefällt.

4. **Weg** hast du allerwegen, an Mitteln fehlt dir's nicht; dein Tun ist lauter Segen, dein Gang ist lauter Licht. Dein Werk kann niemand hindern, dein Arbeit darf nicht ruhn, wenn du, was deinen Kindern ersprießlich ist, willst tun.

5. **Und** ob gleich alle Teufel hier wollten widerstehn, so wird doch ohne Zweifel Gott nicht zurücke gehn; was er sich vorgenommen und was er haben will, das muß doch endlich kommen zu seinem Zweck und Ziel.

6. **Hoff,** o du arme Seele, hoff und sei unverzagt! Gott wird dich aus der Höhle, da dich der Kummer plagt, mit großen Gnaden rücken; erwarte nur die Zeit, so wirst du schon erblicken die Sonn der schönsten Freud.

7. **Auf,** auf, gib deinem Schmerze und Sorgen Gute Nacht! Laß fahren, was das Herze betrübt und traurig macht; bist du doch nicht Regente, der alles führen soll: Gott sitzt im Regimente und führet alles wohl.

8. **Ihn,** ihn laß tun und walten! Er ist ein weiser Fürst und wird sich so verhalten, daß du dich wundern wirst, wenn er, wie ihm gebühret, mit wunderbarem Rat das Werk hinausgeführet, das dich bekümmert hat.

9. **Er** wird zwar eine Weile mit seinem Trost verziehn und tun an seinem Teile, als hätt in seinem Sinn er deiner sich begeben und sollt'st du für und für in Angst und Nöten schweben, als frag er nicht nach dir.

10. **Wird's** aber sich befinden, daß du ihm treu verbleibst, so wird er dich entbinden, da du's am mindsten gläubst; er wird dein Herze lösen von der so schweren Last, die du zu keinem Bösen bisher getragen hast.

11. **Wohl** dir, du Kind der Treue! Du hast und trägst davon mit Ruhm und Dankgeschreie den Sieg und Ehrenkron; Gott gibt dir selbst die Palmen in deine rechte Hand, und du singst Freudenpsalmen dem, der dein Leid gewandt.

12. **Mach** End, o Herr, mach Ende mit aller unsrer Not; stärk unsre Füß und Hände und laß bis in den Tod uns allzeit deiner Pflege und Treu empfohlen sein, so gehen unsre Wege gewiß zum Himmel ein.

(Akrostichon: die Anfangsworte jeder Strophe entsprechen Psalm 37,5)

137

Text: Jes 26,4
Deutsch: Eckhard Maier / Wolfgang Rülke
Melodie: Israel Harel

*) Statt des Gottesnamen Jah(we) wird oft gesungen: schem (Name).

Text und Melodie: Wolfgang Tost

138

Refrain
D A B♮m G D
Kei-nem von uns ist Gott fern. Kei-nem von uns ist Gott
Em A7 Em7 A F♯ B♮m
fern. Auch wenn du meinst, er kann dich nicht hörn.
Em7 A D Fine
Kei - nem von uns ist Gott fern.
1. Sei - ne
2. Sei - ne
D A B♮m
Nä - he, die bringt uns Ge - bor - gen - heit; sei - ne
Nä - he bringt Freu - de und Lie - be mit; sei - ne
G D Em A
Nä - he macht mu - tig zur Of - fen - heit; sei - ne
Nä - he macht Mut für den näch - sten Schritt; sei - ne
F♯ B♮m
Nä - he, die wärmt und ver - brennt uns nicht; sei - ne
Nä - he be - freit und be - drängt uns nicht; sei - ne
G D Em A D. C. al Fine
Nä - he bringt Klar - heit und Zu - ver - sicht.
Nä - he bringt Frie - den und Zu - ver - sicht.

139

Text und Melodie: Gerhard Schnitter

Refrain
G B♮m Em D
Freu - et euch, das Grab ist leer! Er ist auf - er -
G C B♮7 E Am
stan - den! Dem To - de ist die Macht ge - nom - men!
Em A7 D G C G Fine
Je - sus ist der Herr! Je - sus ist der Herr!
G Em
1. Der Tod war bis - her_ für al - le das Letz - te, auch
2. Er wur - de ge - sehn, man hat ihn ge - spro - chen, er
3. Wir brau-chen nicht lee - ren Wor-ten zu glau - ben! So
4. So wol - len wir un - ser Le- ben ihm le - ben, ihm
Am D
1. dann, wenn man noch_ die Grä - ber ver - ziert._ Doch
2. aß mit den Jün - gern Fi - sche und Brot._ Er
3. wie er ge - sagt_ hat, ist es ge - schehn. Nun
4. die - nen und ihm_ ge - hor-chen al - lein._ Der
G Em
1. un - ser Herr lebt,_ und man kann ihm be - geg - nen, die
2. hat ih - nen Auf - trag und Voll-macht ge - ge - ben, dem
3. ist er der Sie - ger, der Fürst al - len Le - bens! Wenn
4. Kom-men-de wird_ auch das letz - te Wort sa - gen. Er
C Am D7 D. C. al Fine
1. gan - ze Welt wird von ihm re - giert._
2. Pe - trus half er aus sei - ner Not._
3. er ruft, wer - den wir auf - er - stehn._
4. wird der Rich - ter und Herr - scher sein._

Text: Jörg Swoboda / Theo Lehmann
Melodie: Jörg Swoboda

140

141

Text (nach Hebr 12,29)
und Melodie: Randy Wright
Deutsch: Wort des Glaubens, München

*) evtl. statt $Gmaj^7$, Em^7 oder Em^9

Originaltitel: All Consuming Fire

Text und Melodie: Keith Green
Deutsch: Ulrich Zimmermann

Originaltitel: Create In Me A Clean Heart

143

Text (nach Jes 40,3; Mt 10,7-8)
und Melodie: Lothar Kosse

144

Text (nach Neh 8,10): Eckart zur Nieden
Melodie: Helmut Jost

145

Text (nach Ps 105,1-8)
und Melodie: Albert Frey

C F/C G/C F/C
1. Dankt dem Herrn, sagt es laut, wer eu-er Gott_ ist.
2. Geht zum Herrn, kommt zu ihm, denn er ist mäch - tig.
C F Dm C/E F G
Ver-kün-det al - len Men-schen, was er tut._
Sei-ne Nä- he sucht zu je-der Zeit._
C F/C G/C F/C
Ruft euch sei - ne Wun - der ins Ge-dächt-nis.
Ihr seid sei - ne Kin - der, die Er-wähl - ten.
1.+2. Seid
Dm C/E F C/G F/A G/B♮
stolz auf ihn,_ den hei-li-gen Gott,_ seid vol-ler Freu - de ü-ber
C F G Em7 Am
ihn. Ja, er, der Herr ist un - ser Gott.
Dm C/G G
Sei-ne Herr-schaft um-schließt die gan-ze Welt.
F G/F Em7 Am
Nie-mals ver - gißt er sei - nen Bund_ mit uns._

Text (nach Offb 5,12)
und Melodie: Beat Schmid 1985

146

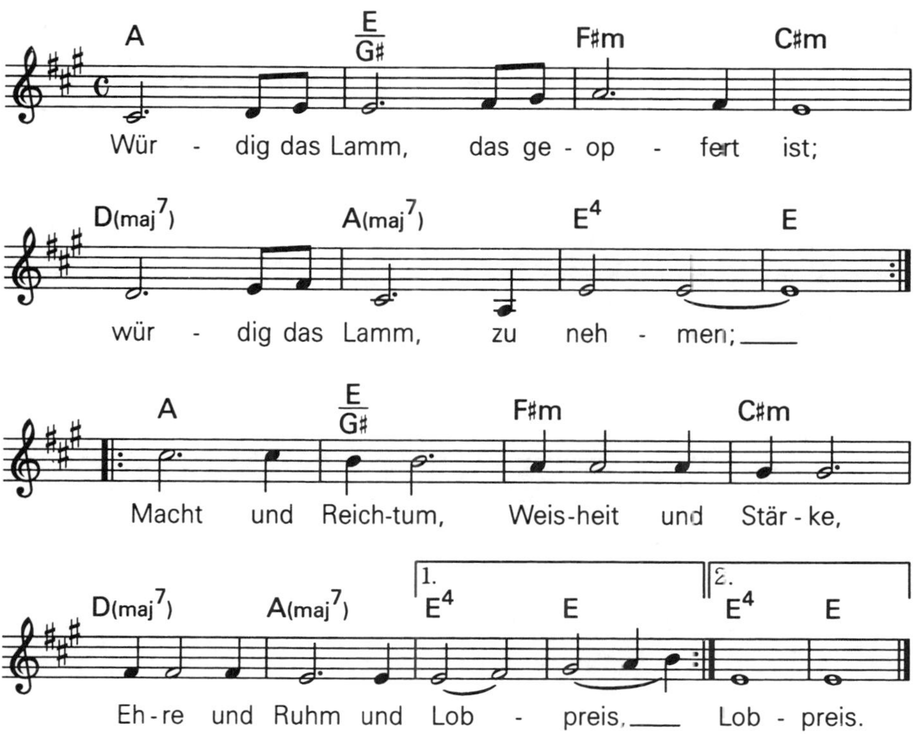

147

Text (nach Jes 35)
und Melodie: Werner Arthur Hoffmann

Aus: "Wag den Sprung"

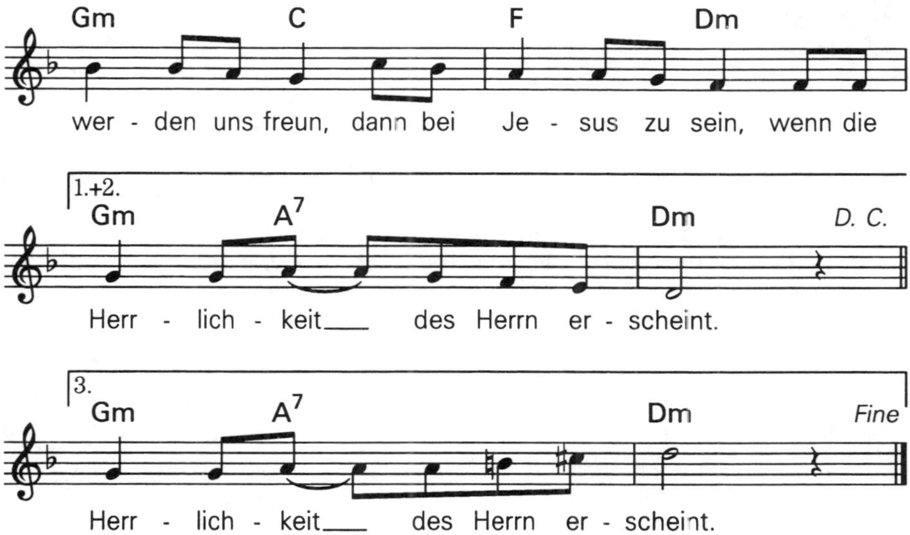

Text: Christoph Zehendner
Melodie: Johannes Nitsch

148

149

Text (nach Jer 33,4-11): Dorothee Müller
Melodie: Shlomo Karlibach

Originaltitel: Od Yishama

Text und Melodie: Traditional
Deutsch: Gerhardt Ziegler

150

151

Text (nach 1.Kor 15,3-5+20-25)
und Melodie: Graham Kendrick
Deutsch: Manfred Schmidt

Originaltitel: We Believe In God The Father

Em Em C D
sitzt zur Rech - ten Got - tes heut!
je - der Mund be - ken - nen:
scen - ded to the Fa - ther's side.
then must ev - 'ry tongue con - fess:
Refrain
Em D Em D Em
Je - sus, Herr der Herrn, Herr der Herrn! Je -
Je - sus, Lord of all, Lord of all. Je -
D Em D G C Em
sus, Herr der Herrn, Herr der Herrn! Je - sus, Herr der Herrn!
sus, Lord of all, Lord of all. Je - sus, Lord of all,
Em D G C Em Em
Herr der Herrn! Je - sus, Herr der Herrn, Herr der
Lord of all. Je - sus, Lord of all, Lord of
D E D
Herrn! Du bist der Herr der Welt! Du bist der
all. Name a - bove all names, name a - bove
E D E
Herr der Welt! Du bist der Herr der Welt!
all names, name a - bove all names.

152

Text und Melodie: James Black
Deutsch: Gerhard Schnitter

3. |: Laß vom Geist Jesu dir immer zeigen den Weg, :| |: ob du sitzt oder gehst, ob du wartest und stehst, :| tu es alles im Namen des Herrn Jesu Christ. Erstanden vom Tod macht er auch dein Leben ganz neu.

3. |: Let the Spirit of the Lord Jesus Christ guide your way. :| |: Whether walking by night or walking by day, :| 𝄽 Walk in the name of the Lord Jesus Christ, who rose from the dead to give You new life in Him.

Text (nach Ps 121,1-2)
und Melodie: Brian Doerksen
Deutsch: Projektion J

153

Originaltitel: I Lift My Eyes Up

154

Text (nach Phil 4,4-5)
und Melodie: Gerhard Schnitter

Text (nach 2.Kor 8,9)
und Melodie: Peter Strauch

155

Refrain
C G Am Dm
Gott wur - de arm für uns,
Gott
Dm G7 C G
wur-de arm für uns, da-mit wir durch sei-ne Ar-mut
Am Em F G G7 C Fine
reich wer - den, wur - de Gott arm für uns.
C Em F C
1. Reich-tum, Eh - re, Kar - ri - e - re, Ein-fluß, Macht und Geld,
2. Gott ließ uns nicht lau-fen. Kommt und hört den Freu - den - ton:
3. Von der Krip - pe bis zum Tod am Kreuz auf Gol - ga - tha
Em Am D7 G
all das su-chen wir und sind doch ein-sam in der Welt.
Als die Zeit er - füllt war, sand - te Gott uns sei - nen Sohn.
trug Gott uns - re Sün - de. Uns - re Ret-tung ist nun da.
Am Em F G
Wir sind nie zu - frie - den, nein, wir wol - len im - mer
Er ver - ließ den Him- mel, wur - de Mensch, ge - nau wie
Er schenkt uns das Le - ben, er gibt uns Ge - bor - gen -
D. C. al Fine
C F C Dm G7
mehr, und doch blei - ben uns - re Her - zen leer.
wir. Sei - ne Ar - mut öff -net uns die Tür.
heit. Sei - ne Gna - de trägt uns durch die Zeit.

156

Text (nach Ps 1): Anton Schulte
Melodie: Bernd-Martin Müller

Text (nach Jes 43,1+2)
und Melodie: Phil Pringle
Deutsch: Gerhard Schnitter

158

Text (nach Joh 3,16;8,12; 2.Petr 1,19; Mt 5,14-16)
und Melodie: Albert Frey / Lothar Kosse

Text (nach Ps 96,1)
und Melodie: Leon Patillo
Deutsch: Wort des Glaubens München

159

Originaltitel: Sing Unto The Lord A New Song

160

Text: Christoph Zehendner
Melodie: Johannes Nitsch

Text (nach Ps 100,4)
und Melodie: Nina Lee Hopper
Deutsch: Agape-Gemeinschaft, München

161

Originaltitel: Enter Into His Gates

162

Text (nach Ps 42,2)
und Melodie: Martin Nystrom
Deutsch: Gitta Leuschner, JMEM

3. Du, o Herr, bist mein Freund und Bruder, du mein König und mein Gott! Dich begehre ich mehr als alles, so viel mehr als höchstes Gut.

3. You're my friend and You're my brother, even though You are a king. I love You more than any other, so much more than anything.

163

Text (nach Klgl 3,22-23)
und Melodie: Edith McNeill
Deutsch: Unbekannt

Originaltitel: The Steadfast Love Of The Lord

164

Text und Melodie: Werner Arthur Hoffmann

G
1. Wie auf dunk - lem Weg ein Licht, wie ein
2. Wie ein Ham - mer, der zer - schlägt, wie ein
3. Wie ein Hauch aus dei - ner Welt, Brot, das
B♮m C
Leucht - turm in der Nacht, wie ein Kom - paß, der mir
Schwert, das tref - fen wird und das in die Tie - fe
mei - nen Hun - ger stillt, und wie Was - ser, das die
Am7 D4 D
mei - ne Rich - tung zeigt, wie ein
mei - ner See - le dringt, wie ein
Trok - ken - heit be - lebt, wie ein Ver -
G G/B♮ C
Berg mit kla - rer Sicht, wie ein Tag, der neu er - wacht,
Zu - spruch, der mich trägt, ei - ne Stim - me, die mich führt,
spre - chen, das man hält, das für al - le Zei - ten gilt
A7/C♯ G/D B♮/D♯ Em7 A D
wie ein Buch, das mir dein We - sen, Herr, be - schreibt.
Me - di - zin, die Hei - lung für mein Le - ben bringt.
und das mich in dei - ne Ge - gen - wart er - hebt.
Refrain
D7 G Em
So sind dei - ne Wor - te, Wor - te des Le - bens,

Text (nach Ps 34,2): Klaus Heizmann
Kanon für 2 Stimmen aus Israel

165

Originaltitel: Viyuda le'olam teshev

166

Text und Melodie: Heike und Lukas Di Nunzio

Refrain
F C G C
Le-ben mit Pro-fil hin-ter-läßt Spu-ren.
F C G C
Spu-ren ei-nes Le-bens, in dem Gott re-giert.
F C G Am
Le-ben mit Pro-fil hin-ter-läßt Spu-ren
F C F C Fine
auf ei-nem Weg, den Gott uns führt.
Dm7 C
1. Le-ben mit Pro-fil, ge-formt von Got-tes Hand, heißt
2. Le-ben hat Pro-fil, wenn Got-tes Wil-le zählt, so
Dm7 F G D. C. al Fine
Le-ben ganz aus ihm und nur das hat Be-stand.
kann uns Gott ge-brau-chen und ver-än-dert die Welt.

Text und Melodie: Tim Hosman und Jim Custer
Deutsch: Gerhard Schnitter

167

Originaltitel: I'll Obey

168

Text und Melodie: Georg Pflüger

A F♯m
1. Va - ter, ich fol - ge dir, ich bin dein Kind.
2. Herr, hö - re mein Ge - bet, Herr, mach mich frei
B♮m E
In dei - ner gu - ten Hand fin - de ich Halt.
von der Be - quem - lich - keit, die mich oft lähmt,
A F♯m
Herr, ich ver - trau - e dir, in dei - nem Licht
vom Glau - ben an das Geld, der mich ver - führt,
B♮m D E
fin - de ich Si - cher - heit, fürch - te mich nicht.
vom Krei - sen um mich selbst, hei - le mich, Herr.
Refrain
A D A D E
Herr, mach uns frei von uns selbst, mach uns frei für dich.
A D A D A D
Herr, mach uns eins, daß die Welt er - kennt: Du bist
A B♮m E4 E A A B♮m E A
Je - sus, Got - tes Sohn, du bist Je - sus, Got - tes Sohn.

Text und Melodie: Dave Bilbrough
Deutsch: Jörg Swoboda

169

170

Text und Melodie: Lukas Di Nunzio

Refrain
E A/E B♮/E E A
Von Gott ge-liebt, mehr als ein Wort. Mehr als ein_ Ver-
B♮4 B♮3 A B♮ G♯m7 C♯m7
spre-chen. Von Gott ge-liebt, auf be-son-de-re Art,_ Gott
A B♮ E Fine A
hat uns kom-pro-miß-los ge-liebt._
1. Und wir
2. Und wir
B♮ E C♯m A B♮
lie-ben dich, Herr, und wir kom-men, Herr, vor
be-ten_ dich an und wir sin-gen dir_ zur
E A B♮
dei-nen Thron._ Ge-ben al-les_ dir
Eh-re._ Und wir dan-ken
D.C. al Fine
E B♮ C♯m A B♮4 B♮
hin, o Herr und ver-trau-en dei-ner Lie-be._
dir, o Herr und ver-trau-en dei-ner Lie-be._

Text (Lingala) und Melodie: Aus Afrika

171

Deutsch: 1. Der Vater, 2. der Onkel, 3. die Mutter, 4. die Tante – alle brauchen Jesus.

172

Text: Johannes Hansen
Melodie: Manfred Siebald

Text und Melodie: Peter Strauch

173

Refrain
D A/C♯ B♮m F♯m G
Kommt, at - met auf, ihr sollt le - ben. Ihr müßt nicht mehr ver-
A Em A D A/C♯
zwei-feln, nicht län-ger mut-los sein. Gott hat_ uns sei-nen Sohn ge-
B♮m F♯m Em A D
Fine
ge - ben. Mit ihm kehrt neu-es Le-ben bei uns ein.___
D B♮m Em A D
1. Ihr, die ihr seit lan - gem_ nach dem Le - ben jagt
2. Ihr seid ein - ge - la - den._ Gott liebt al - le gleich.
3. Noch ist nichts ver - lo - ren,_ noch ist Ret-tung nah.
G F♯m G Em A4 A
und bis - her ver - geb - lich Ant - wor - ten er - fragt,
Er trennt nicht nach Far - ben, nicht nach Arm und Reich.
Noch ist Got - tes Lie - be für uns Men-schen da.
D F♯ B♮m F♯m B♮m
hört die gu - te Nach - richt, daß euch Chri-stus liebt,
Er fragt nicht nach Ras - se,___ Her-kunft und Ge-schlecht.
Noch wird Le - ben fin - den,_ wer an Je - sus glaubt.
G F♯m G Em A4 A
D. C. al Fine
daß er eu - rem Le - ben Sinn und Hoff-nung gibt.
Je - der Mensch darf kom-men. Gott spricht ihn ge - recht.
Noch wird an - ge - nom-men, wer ihm fest ver-traut.

174

Text: Jürgen Werth
Melodie: Johannes Nitsch

1. Man-ches En - de ist ein An - fang, man-che
2. Dei - ne Hand er - tast' ich zit - ternd, ängst-lich
3. wie 1. Strophe
Nacht das Mor - gen - graun. Man-cher Tod bringt neu - es
horch' ich, was du sagst. Und ich fan - ge an zu
Le - ben, und Ent - täu - schung mehr Ver - traun.
ah - nen, daß du liebst, selbst wenn du plagst.
Refrain
Geh den Weg mit bis zum En - de. Geh den
Weg mit durch die Nacht. Geh durch Tod mit und durch
Ster-ben, und dann zeig uns dei - ne Macht.

Text und Melodie: Lothar Kosse

175

E E4 D A E E4
1. Komm, so wie du bist, komm in Lum-pen,
(2.) -gal wie arm du bist, Gott fei-ert heut' ein
D A E E4 D A
komm im Schlips. Komm ins hel-le Licht, der
Fest für dich. Er hat dich sehr ver-mißt. Sei
E E4 D A
Va-ter selbst er-war-tet dich.
fröh-lich, sing und tanz und iß.
Refrain
C♯m7 A E/B♮
Sein Haus ist vol-ler Freu-
B♮ C♯m7 A E C♯m7 A E/B♮
-de, sein Haus ist voll Mu-sik. Hier ist ein Ort des Frie-
B♮ F♯m7 E D A
-dens, hier fin-dest du das Glück.
Fine
2. E-

176

Text und Melodie: Gregor Breier

Refrain
D A/D A/D D
Lie - be den Herrn von gan - zer See - - le,
D Em7 Em7 A
lieb ihn mit al - - ler dei - ner Kraft,
F♯m7 B♮m
lie - be den Herrn von gan - zem Her - zen,
E A7
lieb ihn mit al - - lem was du hast.
D A/D A/D D
Lie - be den Herrn von gan - zer See - - le,
D Em7 Em A
lieb ihn mit al - - ler dei - ner Kraft,
F B♭ Gm7 F/A
lie - be den Herrn, ja lieb ihn von Her - zen,
A7 B♮m A7 D
Beim 3.Mal nach ⊕
lieb ihn mit al - - lem, was du hast.

Em Em7 A
1. Mit mei-nen Wor - ten will ich ihn eh - ren,
2. Für ihn zu le - ben, ist mein Ver-lan - gen,
Em Em7 A
mit al-lem Den - ken geb ich mich hin.
im-mer bei ihm sein, ist all mein Glück.
Em Em7 A
All mei-ne Sin - ne will ich ihm wei - hen.
Was ich auch sa - ge, soll ihn er-freu - en.
Em Em7 A
Weil er mich liebt, drum lieb ich auch ihn!
Was er mir schenk - te, geb ich zu-rück!
D. C. al ⊕ – ⊕
Gib dem Herrn die Eh - re!
Gib dem Herrn die Eh - re!
⊕ Coda
Em7 A G D
Lie-be den Herrn mit al-ler Kraft!

177

Text: Andreas Malessa
Melodie: Dieter Falk / Andreas Malessa

C♯m7 F♯7 B♮m7
-druckt, wie ein an-de-rer lebt. Dann lern' ich
dein Wort von Freun-den zu hör'n, bin fas-zi-
Am7 D7 G
viel und kom-me dem Ziel ein gu-tes Stück nä-
niert. Bin per-sön-lich be-rührt, daß du, Gott, so nah
G/A B♮7 Refrain E G♯m7 F♯m7 A
-her. Bin
bist.
ü-ber-reich be-schenkt mit so-viel Ka-pi-tal,
E/G♯ D/F♯ A/E D C♯4 C♯
weil du, mein Gott, mir lie-be-vol-le Freun-de gibst. Wie
F♯m A/E beim 2. Mal nach ⊕ D A/C♯
sich das wei-ße Licht in bun-te Far-ben bricht, so
F♯7 A/B♮ B♮
seh' in vie-len Men-schen ich auch dein Ge-sicht. Ich bin
⊕ D A/C♯ D E F G A
bun-te Far-ben bricht. Seh' ich in vie-len dein Ge-sicht.

178

Text und Melodie: Manfred Siebald

A
1. Es war Nacht, und die Her - de lag
2. Kei - ner wuß - te mehr, wor - um man
3. Al - le rann - ten den Weg, den der
4. Und wir rück - ten zu - sam - men; der
C♯m7 D
1. fried - lich am Hang, und die Welt trug ein mond - wei - ches
2. stritt, und auch ich wuß - te nur noch: im Recht wa - ren
3. En - gel be-schrieb; un - ser Är - ger war halb schon ver -
4. Kreis wur - de klein um das Kind, um den Ret - ter der
F♯m B♮m
1. Kleid. A - ber wir hock - ten hier und die
2. wir. Und so starr - ten wir fin - ster die
3. pufft. Und dann stan - den wir rings um das
4. Welt. Uns - re Schul - tern und Ar - me be -
G C♯m
1. an - de - ren dort, und man hör - te nur manch - mal ein
2. an - de - ren an, bis auf ein - mal der Him - mel zu
3. Kind, und es nahm uns den A - tem, wie na - he uns
4. rühr - ten sich scheu, und wir spür - ten: es wird durch das
F♯m7 D
1. dro - hen - des Wort, denn grad zwi - schen uns hock - te der
2. sin - gen be - gann – und bald klang die - ses Lied auch in
3. Gott dar - in kam – und uns fehl - te zum Strei - ten die
4. Kind al - les neu. Und das ha - ben wir je - dem er -

5. Und so kehrten wir um. Unser Streit blieb im Stall, und der Friede zog mit uns nach Haus. "Gott sei Dank!" sagte einer und summte das Lied. Wie aus einem Mund sangen wir anderen mit, und es schallte ins Dunkel hinaus, und es schallte ins Dunkel hinaus:

179

Text und Melodie: Werner Arthur Hoffmann

Aus: "Wag den Sprung"

Text und Melodie: Lothar Kosse

180

G D C D G
Freu - de bricht sich Bahn, _ wenn der Kö - nig _ kommt, _
Fest vol - ler Ge - sang, _ wenn der Kö - nig _ kommt, _
D C
_ wenn der Kö - nig _ kommt. _
_ wenn der Kö - nig _ kommt, _ zieht
G D C D G
La - chen steckt uns _ an, ___ wenn der Kö - nig _ kommt, _
uns in sei - nen _ Bann, _ wenn der Kö - nig _ kommt, _
D C 1. 2.
_ wenn der Kö - nig _ kommt. _ Ein
_ wenn der Kö - nig _ kommt, _ Er
C G D Em
kommt zu uns in Sanft-heit, er kommt zu uns in Macht, führt
C G D Em
uns in sei - ne Wahr-heit, ver-treibt vor uns die Nacht. Und
C G D Em
wenn du kurz da-vor _ stehst, den Glau-ben zu _ ver-liern, dann
F C D G
heb den Blick und sieh, der Kö - nig _ kommt.

181

Text und Melodie: Noel und Tricia Richards
Deutsch: Gerhard Schnitter

Originaltitel: Called To A Battle (Thunder In The Skies)

Refrain
A E F♯m
Durch des Lam - mes_ Blut ü - ber - win - der wir.
By the blood of the Lamb we shall o - ver - come,
F♯m E A
Seht, der Ver - klä - ger muß fliehn. Durch das
see the ac - cus - er thrown down. By the
A E F♯m
Wort uns - res Herrn ü - ber - win - den wir. Von dem
word of the Lord we shall o - ver - come, raise a
F♯m E
Sieg laßt uns sin - gen___ und
vic - to - ry cry,___ like
F♯m D E
mit ihm wei - ter - ziehn,___ mit_
thun - der in the skies,___ thun-
F♯m 1. D E 2. F♯m
_ ihm wei-ter - ziehn.___
- der in the skies.___

182

Text und Melodie: Marc Nelson
Deutsch: Herbert Kassühlke

1. Ja, ich ver-trau - e Je - sus; __
2. Ja, ich ver-trau' dir, Je - sus; __
1. I ___ be-lieve in Je - sus; __
2. I ___ be-lieve in You, Lord; __

1. denn ich weiß, er ist der Got - tes - sohn,
2. denn ich weiß, du bist der Got - tes - sohn,
1. I be-lieve He is the Son of ___ God.
2. I be-lieve You are the Son of ___ God.

1. er, der für uns starb und auf - er - stand,
2. der du für uns starbst und auf - er - standst,
1. I be-lieve He died and rose a - gain,
2. I be-lieve You died and rose a - gain,

1. er hat al - le Schuld ge - - tilgt.
2. du hast al - le Schuld ge - - tilgt.
1. I be-lieve He paid for us __ all.
2. I be-lieve You paid for us __ all.

(Frauen:) 1. Und ich weiß, daß er
2. Und ich weiß, daß du
1. I be-lieve that He's
2. I be-lieve that you're
A B♮ E
(Männer:) 1. 𝄾 Und ich weiß, daß er hier ist
2. 𝄾 Und ich weiß, daß du hier bist
1. And I be-lieve He's here now,
2. And I be-lieve you're here now,
1. hier ist
2. hier bist
1. here,
2. here,
1.+2. mit - ten un - ter uns
1.+2. stand - ing in our midst.
A B♮ E
1.+2. mit - ten un - ter uns
1.+2. stand - ing in our midst.
1.+2. mit ver - ge - ben-der
1.+2. With the pow - er to
A B♮ E
1.+2. 𝄾 mit ver-ge - ben-der Gna - de
1.+2. Here with the pow - er to heal now,
1.+2. Gna - de und mit hei - len - der Kraft.
1.+2. heal, and the grace to for - give.
A B♮ E A E
1.+2. und mit hei - len - der Kraft.
1.+2. and the grace to for - give.

183

Text und Melodie: Werner Arthur Hoffmann

Aus: "Neue Schritte wagen"

184

Text und Melodie: Lukas Di Nunzio

A D/A A E/A A A
1. Ei - ner, nur Er_ kennt die Ant-wort. Ei - ner, nur
2. Je - sus gibt dir_ Pers - pek - ti - ven. Je - sus schafft
3. Je - sus kennt Fra - gen und Nö - te._ Je - sus, er
D E4 E A D/A
Er__ kennt das Ziel. Ei - ner,_ nur Er__ gibt dir
Frie - den al - lein. Je - sus_ will heut'_ mit uns
kennt Ein - sam - keit. Je - sus_ ist Quel - le der
A F♯m B♮m7 E4 E
Le - ben und_ wenn Er gibt, gibt er viel.
le - ben und_ erst das wird Le - ben sein.
Freu - de. Er__ ist der, der dich be - freit.
Refrain
A D/B♮ E D E
Komm, fol-ge Je-sus je - den Tag auf's neu - e.__
A D/B♮ E4 E
Komm, fol-ge Je-sus, denn er kennt für dich den Weg.
A D/B♮ E D E
Komm, fol-ge Je-sus, er_ hilft dir auf's neu - e.__
A D/B♮ E4 E A
Komm, fol-ge Je-sus, denn er sel-ber ist_ der Weg.

185

Text und Melodie: Wolfgang Vorländer

Refrain
G B♮m/F♯ Em7 G/D
Wenn der Herr mich be-freit und mein Le-ben ü-ber-nimmt und mich
Em Am D4 D G B♮m
ein-fügt in sei-nen Plan, dann muß ich Zeu-ge sein und re-den,
C G Em Am/D
ein-fach, weil es stimmt: Gott der Herr hat Gro-ßes un-ter uns ge-
G Fine D
tan!
1. Ich darf re-den, weil sein Wort die Wahr-heit
2. Ich darf kla-gen da, wo Men-schen Lei-den
3. Ich darf fröh-lich sein, weil Gott die Schuld be-
G C G
ist, ich darf han-deln, weil Gott nie-man-den ver-
beugt, ich darf schrei-en, da wo Will-kür Haß er-
siegt, ich darf ju-beln, weil die Gna-de schwe-rer
Am D G C
gißt, ich darf hof-fen, weil Gott al-len Zu-kunft
zeugt, ich darf war-nen, wo der Hoch-mut sich ver-
wiegt, ich darf sin-gen, weil der Herr der Welt er-
G Em G/D C/D D. C. al Fine G
gibt, ich darf lie-ben, weil Gott al-le Men-schen liebt.
rennt, ich darf be-ten, weil Gott je-des Un-recht kennt.
scheint, ich darf fei-ern, weil sein Reich die Men-schen eint.

Text und Melodie: Lukas Di Nunzio

186

Refrain
Die-ner sein heißt, manch-mal hö - ren, Die-ner sein heißt, oft-mals
geh'n, Die-ner sein heißt, im-mer das zu tun, was
Gott uns auch zu tun gibt. Die-ner sein heißt, manch-mal ge - ben,
Die-ner sein heißt, oft-mals sä'n, Die-ner sein heißt, im-mer
wei - ter - zu - gehn. Die - ner sind Men - schen, die Gott
liebt!
Fine
1. Gott braucht dich, um in der Welt sein Reich auf - zu - bau - en. Gott hilft dir, die Welt, die Zeit, mit sei - nen Au - gen an - zu - schau-en.
2. Gott sucht Men - schen, Gott sucht dich für sei - nen gro - ßen Plan. Gott be-schenkt am En - de dich, lern ihm noch mehr zu ver - trau - en.
3. Bist du heut zum Dienst be - reit, willst das Be - ste ge - ben – heu - te ruft Gott dich und mich, Die - nen heißt, für Gott zu le - ben.
D. C. al Fine

187

Text und Melodie: Don Moen
Deutsch: Gerhard Schnitter

Originaltitel: God Will Make A Way

Text und Melodie: Michael Ledner 1981
Deutsch: Gitta Leuschner, JMEM
Kanon für 2 Stimmen

188

Originaltitel: You Are My Hiding Place

189

Text und Melodie: Lutz Scheufler

Refrain
Frie-den wird wer-den, Frie-den auf Er-den. Frie-den wird sein, läßt du
Je-sus in dein Le-ben ein. Frie - den wird wer - den, Frie - den auf
Er - den. Frie-den wird sein, läßt du Je-sus in dein Le - ben ein.
Fine
1. Kein Frie-den in der Welt oh-ne Frie-den zwi-schen Völ - kern. Kein
2. Kein Frie - den im Haus oh-ne Frie-den zwi-schen Men-schen. Kein
Frie-den zwi-schen Völ - kern oh - ne Frie - den im Land. Kein
Frie-den zwi-schen Men-schen oh - ne Frie - den in mir. Kein
Frie - den im Land oh - ne Frie-den in den Städ - ten, kein
Frie-den in mir selbst oh - ne Frie-den mit dem Schöp-fer. Nur
D. C. al Fine
Frie - den in den Städ - ten oh - ne Frie - den im Haus.
Je - sus ganz al - lein gibt dir den Frie - den mit Gott.

Text und Melodie: Lukas Di Nunzio

190

E A/E E
Gott bahnt für mich, Gott bahnt für
Gott bahnt für mich,
B♮ E/B♮ B♮ A B♮ E
dich, Gott bahnt für al - le sei - nen Weg.
Gott bahnt für dich sei - nen Weg.
B♮ E A/E E
Gott bahnt für mich, Gott bahnt für
Gott bahnt für mich,
B♮ E/B♮ B♮ A B♮ E
dich, Gott bahnt für al - le sei-nen gu - ten Weg.
Gott bahnt für dich sei-nen gu - ten Weg.
Fine
A E
Dar-um will ich auf ihn hö - ren, dar-um
A E A
will ich mit ihm gehn, dar-um leb ich je-den Tag auf's neu - e
E G# C#m A B♮ E
mit mei-nem Herrn, denn Gott bahnt sei - nen_ Weg.

191

Text (nach Mt 7,24-27) und Melodie: Karen Lafferty
Deutsch: Günter Balders

Originaltitel: Don't Build Your House

Text und Melodie: Gerhard Schnitter

192

Em
B♮7
1. Fest-ge - fah - ren, aus - ge-brannt – und nicht mehr froh;
2. Vie - le Fra - gen, Zwei-fel quält – was ist nur los?
3. Im-mer müs-sen, nur ge - hetzt – so läuft es halt.
Em
Am
D
manch-mal auch to - tal ver-rannt – nie-mand kennt mich so.
Ha - be ich denn falsch ge-wählt – was fehlt mir denn bloß?
Oft ver - let-zend, weil ver-letzt – al - les ist so kalt.
G
D
Em
B♮7
Doch dann kommst du, Je - sus, holst mich her - aus.
Doch dann kommst du, Je - sus, und sprichst mich an.
Doch dann kommst du, Je - sus, du meinst es gut,
4. Dank da - für, Je - sus, ich se - he nun
Em
Am7
1. Mein Schluß-punkt ist dein An - fang mit mir.
2. Du lei - test auch durch Kri - sen zum Ziel.
3. heilst Wun - den, weil sonst nichts hel - fen kann.
4. die Grö - ße dei - ner Lie - be zu mir.
D
G
D
Em
B♮
B♮7
1. Du machst mich froh, Je-sus, zeigst mir den Weg. Mein
2. Du gibst mir Kraft, Je-sus, und neu - en Mut. Die
3. Du kennst die Schuld, Je-sus, und du ver - gibst. Am
4. Ich lo - be dich, Je-sus, und nehm es an: mein
Em
Am
Am/D
D7
G
Fine
1.+2.
B♮7
3.
D7
D. S. 𝄋 Str. 4
1. Tief - punkt ist der Treff-punkt mit dir.
2. Wachs-tums-kno - ten ma - chen sta - bil.
3. to - ten Punkt fängst du wie - der an.
4. Tief - punkt ist der Treff-punkt mit dir.
4. Hab

193

Text (nach Hebr 4,16) und Melodie: Gerrit Gustafson
Deutsch: Thomas van Dooren

Originaltitel: Only By Grace

Am G F
Herr, wenn du Schuld an - rech - nest, wer könn-te be - steh'n?
C B♮m7 E7 Am G
Dank dei - ner Gna - de sind wir
1. 2.
F Am/G Am Dm7 E F/G G4 G
D.C.
rein, uns ist ver - ge - ben!
Coda
Dm7 F/G C Am7 Dm7
Gna-de al - lein sind wir hier, durch Gna-de al - lein
F/G C Am7 Dm7 F/G C
sind wir hier! Durch Gna-de al - lein sind wir hier!

194

Text und Melodie: Gerhard Schnitter

Refrain
A7 D Em7
It is a hap - py be - gin - ning with
Es ist ein glück - li - cher An - fang mit
F♯m G(maj7) E F♯m7
You, my Lord. You make a hap - py be - gin - ning with
dir, o Herr, denn du fängst heu - te mit mir ganz von
E7 A7 G (G♯0) 1. F♯m B♮m
me to-day. And all the old things I leave be - hind, for I'll be
vor - ne an. Das Al - te kann ich
Em E7 A7 2. F♯m B♮m
walk - ing on Your way.
hin - ter mir las - sen, und ich
Em A7 D Fine G A
geh mit dir vor - an. Welch glück - li-cher An-fang,
1. wenn
2. wenn
3. wenn
4. wenn
D B♮ Em7
1. ich dich su - che, denn du suchst ja schon lan - ge nach
2. ich dir mei - ne Schuld be - ken - ne und du mir ver -
3. du mir zeigst, war - um ich le - be, wo - zu ich ge -
4. ich dich ein - mal se - hen wer - de, Herr, so, wie du

1. I search for You 'cause You have always been searching for me. I open up the door for You and that certainly will be: a happy beginning!

2. When I confess my sins and no longer hide them with me and when You, Lord, forgive me then it is really gonna be: a happy beginning!

3. When You are telling me about my life how it should be and when I understand the plan You've been working out for me: a happy beginning!

4. When my last day on earth comes near and when there I will see Your glory and Your power, Lord, then it finally will be: a happy beginning!

195

Text und Melodie: Unbekannt
Deutsch: Martin Pepper / Ken Janz

Originaltitel: I'm So Glad

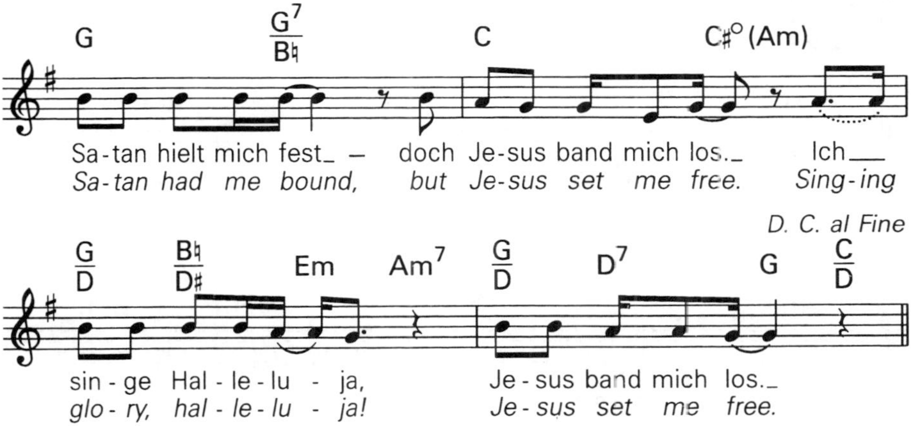
G G7/B♮ C C♯° (Am)
Sa-tan hielt mich fest_ – doch Je-sus band mich los._ Ich___
Sa-tan had me bound, but Je-sus set me free. Sing-ing
D. C. al Fine
G/D B♮/D♯ Em Am7 G/D D7 G C/D
sin-ge Hal-le-lu-ja, Je-sus band mich los._
glo-ry, hal-le-lu-ja! Je-sus set me free.

Text und Melodie: Unbekannt

196

G C G Em
Day by day, I walk a lit-tle clos-er with my Lord.
C G D C G Fine
Day by day!_____ Day by day!_____
C
Where He leads_ me, where He leads_ me I will fol-
G C
-low! I will fol-low! Where He wants_ me,
D D. C. al Fine
where He wants_ me I___ will go!___

197

Text und Melodie: David J. Evans
Deutsch: Roland Werner
*) 2. Textversion: Matthias Pfaehler (TranServe)

2. Sei still, denn die Herrlichkeit des Herrn erstrahlt nun über uns. Sein heilges Feuer brennt, er, der die Herzen kennt. Wir stehn in seinem Licht, schaun in sein Angesicht. Sei still, denn die Herrlichkeit des Herrn erstrahlt nun über uns.

3. Sei still, denn die Kraft unseres Herrn berührt die Herzen nun. Er reinigt und er heilt, nur Gnade ist sein Tun. Kein Ding ist ihm zu schwer, denn Jesus ist der Herr. Sei still, denn die Kraft unseres Herrn berührt die Herzen nun.

Originaltitel: Be Still For The Presence Of The Lord

*) 2. Sei still, sieh die Herrlichkeit des Herrn, die überall erstrahlt. Sein heiliges Feuer brennt, mit Pracht ist er gekrönt. Wir geben ihm die Ehr, König des Lichts ist er. Sei still, sieh die Herrlichkeit des Herrn, die überall erstrahlt.

*) 3. Sei still, denn die Kraft des Herrn ist hier an diesem Ort. Er heilt und reinigt uns, ist gnädig über uns. Nichts ist zu schwer für ihn. Glaub und empfange ihn. Sei still, denn die Kraft des Herrn ist hier an diesem Ort.

2. Be still, for the glory of the Lord is shining all around; He burns with holy fire, with splendour He is crowned. How awesome is the sight, our radiant King of light! Be still, for the glory of the Lord is shining all around.

3. Be still, for the power of the Lord is moving in this place. He comes to cleanse and heal, to minister His grace. No work too hard for Him, in faith receive from Him; Be still, for the power of the Lord is moving in this place.

Text und Melodie: Peter Strauch

198

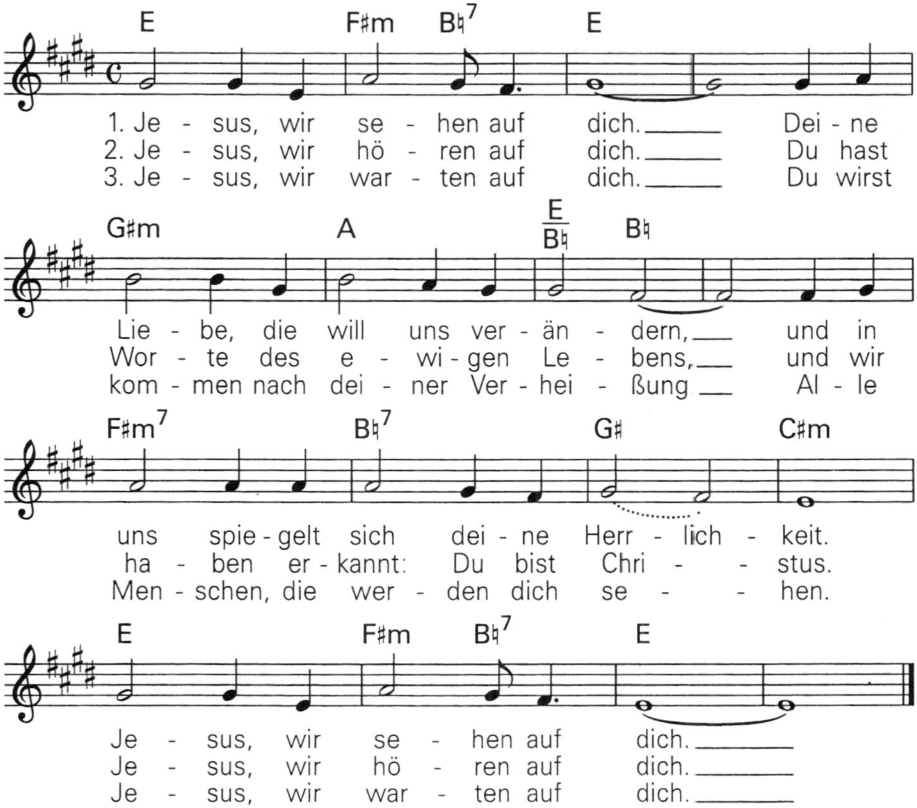

199

Text und Melodie: Wolfgang Deiß

Aus: "Die besondere Note"

D7 G(maj7)
tur in ih - ren letz - ten Zü - gen liegt. Und dar - um
das ver - schwen - det, was dem Ar - men fehlt. Wir fra - gen:
trau - en un - sern Weg mit Je - sus gehn. Wir set - zen
C(maj7) Em7
fra - gen wir: Wenn man die Welt zer - stört, ist
hat das al - les denn noch ei - nen Sinn? Wo
sei - ne Lie - be ge - gen Haß und Tod, wir
Refrain
Am7 B♮ D G
Le - ben dann noch le - bens - wert?
führt uns un - ser Han - deln hin? Es gibt noch Hoff-
set - zen auf sein An - ge - bot.
C D G G7
- nung für die Welt. Es gibt ei - ne Zu - kunft, die noch zählt.
C B♮m Am7
Es gibt Le - ben zu ver - ge - ben, es gibt ein
1. 2.
D7 Am7 B♮
Licht, das nicht zer - bricht. Licht, das nicht zer - bricht.

200

Text: Roland Werner
Melodie: Johannes Nitsch

Refrain
Wei-ter-sa - gen, wei-ter-tra - gen; Je-sus lädt uns ein.
Wei - ter - ge - ben, wei - ter - le - ben, wir sol - len Men-schen der
Lie - be sein.
Fine
1. Men - schen der Lie - be, wo
2. Men - schen des Tro - stes, die
3. Men - schen des Frie - dens, die
4. Sagt Lie - be wei - ter, tragt
1. Haß zer - stört hat, Men-schen der Freu - de, wo Trau - er ist,
2. Lei - den lin - dern, Men-schen voll Kraft, die Gott ih - nen gibt,
3. Frie-den schaf-fen, Men-schen der Frei-heit, die al - le meint,
4. Freu - de wei - ter! Je - sus kehrt ger - ne bei je - dem ein,
1. Men - schen der Hoff - nung, die al - len sa - gen:
2. Men - schen, für Men - schen, die and - re tra - gen, ge -
3. Men - schen, die kämp - fen für Got - tes Sa - che, ge -
4. gebt Wahr - heit wei - ter, lebt Hoff - nung wei - ter! Wir
D.C. al Fine
1. Gott ist da, der kei - nen ver-gißt!
2. tra - gen von Je - sus, der je - den liebt.
3. bor - gen in Je - sus, der uns ver - eint.
4. dür - fen Men - schen Got - tes sein!

Text: Theo Lehmann / Jörg Swoboda
Melodie: Jörg Swoboda

201

5. Und lehrt eure Kinder das eine, daß über Gott keiner mehr steht, daß auch der Größte klein beigeben muß, wenn Gott kommt und alles vergeht.

6. Wer stirbt, der wird nicht nur zu Erde. Gott ruft ihn zum Jüngsten Gericht. Finsternis bleibt für die einen zuletzt, die anderen dürfen ins Licht.

202

Text und Melodie: Werner Arthur Hoffmann

Aus: "Neue Schritte wagen"

G A/G F♯ B♮m
wenn man wie ein Jün - ger___ hin - ter Je - sus geht,
und mit dei - nen Au - gen___ an - de - re zu sehn,
Und in Schwie-rig - kei - ten___ machst du wie- der Mut,
C G/B♮ A4 A
Refrain
G
und ver-traut, wie Je - sus führt.
da - zu mach mich neu be - reit.
zeigst das Ziel der E - wig - keit.
Schritt für Schritt
F♯m7 B♮m7 Em7 A D
hilf mir, Herr, auf dei-nem Weg dir nach-zu-ge - hen.___
G F♯m7 B♮m E7
Schritt für Schritt zei - ge mir, wie ich mit dir le - ben kann.
A G F♯m7 B♮m7
— Schritt für Schritt leh - re mich, auf
Em7 A D G
dich zu hö-ren, dich zu se - hen.___ Schritt für Schritt
F♯m7 B♮7 Em7 G/A A D
füh - re mich nach dei-nem Wil-len, dei - nem Plan.

203

Text und Melodie: Peter Strauch

E G♯m
1. Du sollst nicht mü - de wer-den, selbst wenn das
2. Willst du den Mut ver - lie - ren? Willst du schon
3. Drum laß die Trau - rig - kei - ten, laß dich zur
C♯m F♯m D
Licht auf Er-den all - mäh-lich zu ver - lö-schen scheint.
re - sig - nie-ren, weil es nichts mehr zu hof - fen gibt?
Freu - de lei - ten. Bald wirst du sehn: Das Fest be - ginnt.
B♮ E G♯m
Denn ü - ber Haß und Krie-gen wird Got - tes
Du sollst nicht sinn - los en-den, Gott will dein
Auch du bist ein - ge - la - den; dann heilt Gott
C♯m F♯m
Zu - kunft sie - gen, und wenn sein gro - ßer Tag er -
Le - ben wen-den, weil er dich ja un - end - lich
al - len Scha-den. Ein neu - es Lied wird an - ge -
B♮4 B♮ Refrain A B♮ E B♮/D♯ C♯m
scheint:
liebt.
stimmt.
1.-3. Wir wer-den sein wie die Träu - men - den,
F♯m B♮ G♯ E7 A
die noch nicht fas-sen, was sie sehn. Wir wer-den
B♮ E B♮/D♯ C♯m F♯m B♮ E
la-chen und glück-lich sein, wenn wir vor Je-sus stehn.

Text: Theo Lehmann / Jörg Swoboda
Melodie: Jörg Swoboda

204

205

Text und Melodie: Manfred Siebald

Aus: "Kommt, singt und preist den Herrn", Bd. 1

Text und Melodie: Gerhard Schnitter

Refrain
Gott baut sein Haus, Stein auf Stein, je - der muß neu und le - ben - dig sein. Gott baut sein Haus, Stein auf Stein, so baut er er-neu-er-te Men-schen ein.
Fine
1. Kein Stein sucht sich sei - ne Nach - barn aus. Es geht nach des Bau - her - ren Plan. Er wählt und be - haut je - den Stein für das Haus und paßt sie ein - an - der an.
2. Die an - dern drük-ken und en - gen ein, doch tra - gen sie auch und sind Halt. Wer lie - ber al - lein bleibt, der liegt wie ein Stein am Bo - den, nutz - los und kalt.
3. Der Grund ist si - cher und fel - sen - fest: sein Wort, das auch heut zu uns spricht. Und wer sich auf an - de - re Wor - te ver - läßt, der bleibt nicht, sein Werk zer-bricht.
4. Der Eck - stein, der al - les trägt und hält, das ist un - ser Herr, Je - sus Christ. Durch ihn wird das Haus Got - tes fer - tig - ge - stellt, bis al - les voll - en - det ist.
D. C. al Fine

207

Text und Melodie: Lukas Di Nunzio

Refrain
G D A D
Gott kommt dir ent - ge - gen, Gott geht dir nach. Gott
Em D B♮m Em7 A G
steht in_ der Nä - he und gibt auf dich acht. In Je - sus hat
D A D G
er uns schon al - les_ ge-schenkt. Denn Gott ist
A D4 D Fine G
an-ders, als man denkt._
1. Gott sah die Men-
2. Gott sieht dein Le -
3. Gott sucht dich heu -
A F♯m B♮m
- schen beim Ja - gen nach Glück,___
- ben und weiß, wie's dir geht.___
- te, fragt: Nimmst du mich an?___
D. C. al Fine
Gm D G C A
läßt sie nicht al-lei - ne___ und_ holt sie zu - rück.
Sag ihm dei-ne Sor - gen,_ weil_ er sie ver - steht.
Er___ gibt dir Hoff - nung, die dein Le-ben än-dern kann!

Text und Melodie: Gerhard Schnitter

Refrain
Gott macht kei - ne hal - ben Sa - chen, nicht mit mir, nicht mit dir! Was er re-det, was er tut: al-les ist voll-kom-men gut.
Fine
Zw.-spiel ad lib.
1. Als er sei-nen Sohn uns schenk-te, gab er ihn ganz her, oh-ne Vor - be-hal-te, denn er liebt die - se Welt so sehr. Je-sus war der Preis für uns, be - zahlt durch Got - tes Hand. Sein Tod macht uns frei von je-der Sün-de, die uns band.
2. Wenn wir uns ge-schla-gen füh - len, aus-ge-brannt und leer, war-tet Gott mit sei-ner Hil - fe, und nichts ist ihm zu schwer. Er fängt gern in un - serm Le - ben ganz neu mit uns an, daß sein Le - ben, sei - ne Art uns ganz er - fül - len kann.
3. Wird das Ur - heil im - mer grö - ßer: Hun-ger, Cha - os, Krieg, set-zen wir un-ser Ver-trau- en doch ganz auf Je - su Sieg. Was be - reits be - gon- nen hat, wird bald voll - en - det sein. Und er wird die Welt von je-der bö-sen Macht be-frein.
D. C. al Fine

209

Text und Melodie: Leon Patillo

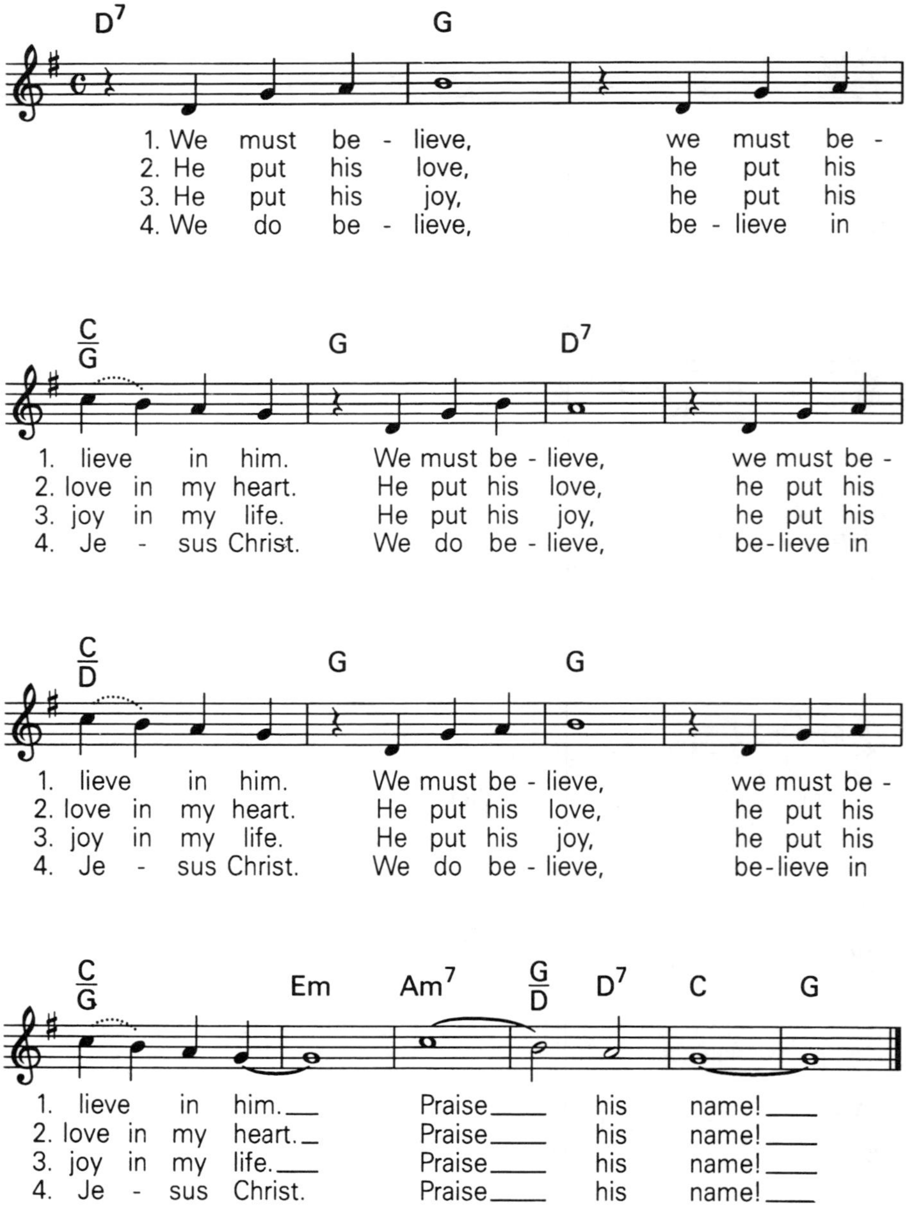
D7 G
1. We must be - lieve, we must be -
2. He put his love, he put his
3. He put his joy, he put his
4. We do be - lieve, be - lieve in
C/G G D7
1. lieve in him. We must be - lieve, we must be -
2. love in my heart. He put his love, he put his
3. joy in my life. He put his joy, he put his
4. Je - sus Christ. We do be - lieve, be-lieve in
C/D G G
1. lieve in him. We must be - lieve, we must be -
2. love in my heart. He put his love, he put his
3. joy in my life. He put his joy, he put his
4. Je - sus Christ. We do be - lieve, be-lieve in
C/G Em Am7 G/D D7 C G
1. lieve in him. Praise his name!
2. love in my heart. Praise his name!
3. joy in my life. Praise his name!
4. Je - sus Christ. Praise his name!

Text und Melodie: Peter Rettinger

210

Refrain
D G A
Gott ist ein e - wi-ger Fels, und wer sein
F♯m B♮m Em
Le-ben ihm an - ver-traut, der hat ganz si - cher-lich
1. A D 2. A A7 Fine D D
nicht auf Sand ge-baut. nicht auf Sand ge-baut.
1. In al-len
2. In al-len
3. In al-len
Gm C F F A
Fra - gen, die uns be - drän-gen, und auch im Zwei - fel,
Nö - ten, die uns be - rüh -ren, und auch im Kum-mer,
Lei - den, die uns er - bit -tern, und auch im Dun -kel,
A7 Dm D Gm C
der an uns nagt, in vie-len Äng-sten, die uns ein -
der uns be - fällt, trotz vie-ler Stim-men, die uns ver -
das uns um - gibt, in vie-len Stür-men, die uns er -
F F A A7 D. C. al Fine D
en - gen, wird uns das Wort zum Trost ge-sagt:
füh - ren, sind wir auf si - che - ren Grund ge-stellt.
schüt-tern, wis-sen wir uns doch von Gott ge-liebt.

211

Text und Melodie: Werner Arthur Hoffmann

Aus: "Neue Schritte wagen"

Text (nach Röm 8,1) und Melodie: Rob Hayward
Deutsch: Gerhard Schnitter

212

Originaltitel: I'm accepted

213

Text und Melodie: Gerhard Schnitter

Refrain
D C/D D B♮m Em
Die-net ein-an - der, denn je-der ist zum Die-nen be-gabt.
A G/A A Em A D
Die-net ein-an - der mit dem, was ihr emp - fan-gen habt.
B♮m G(maj7) Em
Die-net ein-an - der! Wer nicht nur an sich sel-ber denkt, der
A A/G D/F♯ B♮m Em A D Fine B♮m
wird im Dienst für and - re von Gott_ be-schenkt.
1. Die-net,
2. Die-net,
3. Die-net,
F♯ Em
in-dem ihr treu et-was tut. Macht auch, was un-schein-bar
und ach-tet nicht auf den Lohn, denn eu - er Va - ter ver-
in-dem ihr and - re er - tragt, wenn ihr Ver-hal - ten ver-
G F♯ D
aus-sieht, gut. Herr, du warst treu und wur-dest ganz klein.
sorgt euch schon. Herr, du hast nie nach Reich-tum ge - strebt
letzt und plagt. Herr, ich will von dir ler - nen, du hast_
G A/F♯ G/E A4 A7 D. C. al Fine
_ Bei dir ver-geht je - der stol - ze Schein.
_ und uns ge - zeigt, wie man sinn -voll lebt.
_ die Welt er - tra - gen mit ih - rer Last.

214

Text: Tricia Richards
Deutsch: Thomas van Dooren
Melodie: Noel Richards

3. Durch Gottes Kraft, Gnade und Macht sind wir von Sünde frei. Alles was stört, Gott nicht gehört, erlauben wir nicht mehr!

3. Now by God's grace we have embraced a life set free from sin; we shall deny all that destroys our union with him.

Originaltitel: Nothing Shall Separate Us

215

Text: Theo Lehmann / Wolfgang Tost
Melodie: Wolfgang Tost

Text: Bernd und Manfred Primke, Christoph Kolbe
Melodie: Christoph Kolbe

216

217

Text und Melodie: Christian Loer

D A/D G/D
1. Le-ben soll - te mehr sein als nur Ar - beit, Schlaf und Es -
2. Wer ist denn schon ger - ne be-kannt wie'n bun - ter Hund?
3. Ler-ne Men-schen ken - nen, die ha - ben viel Pro-fil,
D D A B♮m G
- sen. Das leuch-tet je-dem ein, doch auf vie - le trifft es
Lie - ber ist man ei - ner, der im Schutz der Mas-se
weil Je - sus ih- re O - ber-fläch-lich - keit ver - än-dert
D D A/D
zu. Sie le - ben ih - ren All - tag in
schwimmt. Doch wenn du mal Bi - lanz ziehst, bleibt
hat. Denn wo er dir ins Herz malt, da ent -
G/D D D A
stän - dig glei-chen Bah - nen und vier-zehn Ta - ge Spa -
al - les nur "Plus - Mi - nus", dann fehlt dir der Ge - winn,
steht ein bun- tes Bild, da ist La-chen, da ist Hoff -
B♮m G D
- nien än - dern auch nichts dar - an.
der letz- ten En - des zählt.
- nung, da ist was vom Trost im Leid. Dei - ne
G D Em A
Ma - kel - lo - se Ty - pen, a - ber fla - che Cha - rak - te -
Ma - kel - lo - ser Typ– oh, nichts ris - kiert und nichts ge - won -
Fra-gen, dei- ne Zwei - fel stehn jetzt nicht zur Dis - kus- sion.

D D A B♮m
- re. 𝄽 𝄽 Bes - ser ist nicht auf - fall'n, oh, am
- nen. Setz' im Le - ben doch Ak - zen - te, sonst bleibt
𝄽 𝄽 Jetzt geht's um die Er - fah - rung, Gott erst
G D D A/C♯
lieb - sten grau in grau. 𝄽 𝄽 Bes - ser ist nicht auf-
al - les grau in grau. Setz' im Le - ben doch Ak - zen-
macht dich zur Per - son. 𝄽 Jetzt geht's um die Er - fah-
B♮m G A
- fall'n, 𝄽 am lieb - sten grau in grau, grau in grau,
- te, sonst bleibt al - les grau in grau, grau in grau,
- rung, Gott erst macht dich zur Per - son, zur Per - son,
A A7 Refrain D
grau in grau!
grau in grau! Far-be kommt in dein Le-ben,
zur Per - son!
G D G D
Far-be kommt in dein Le-ben, Far-be kommt in dein Le-ben, wo der
1. G A 2. G A D D
Mei-ster-ma - ler malt. Mei-ster-ma - ler malt.

218

Text und Melodie: Werner Arthur Hoffmann

Aus: "Neue Schritte wagen"

C Am7 D4
1.
nur auf ein - ge - fahr - nen Glei - sen geh.
Le - ben nicht mehr
dei - ne Ge - gen - wart nicht mehr be - rührt.
Freu - de stirbt und
D Am D
2.
Wenn 1. gu - te Früch - te treibt.
Und 2. mei - ne See - le friert.
Dann
G C/A D Em
hilf mir, Je - sus, neu auf dich zu se - - hen, da -
Am Am/G F D
mit mich dei - ne Kraft ver - än - dern kann.
Du
G/B♮ C D
liebst mich noch und du kannst mich ver - ste - -
G C Am D G
hen. Herr, zün - de neu dein Feu - er in mir an.

219

Text: Florian Sitzmann und Andreas Malessa
Melodie: Florian Sitzmann

Am/G F C/E
Är - ger drückt, weil längst nicht al - les mir recht glückt, so
Su - che bin,_ lenkst du die Blik - ke zu dir hin,_ ich
Dm7 F/G C C/A B♮
bin ich__ trotz-dem si - cher: Du bist da.__
fin - de__ mei - ne Hei-mat, Herr, in dir.__
Refrain
E A B♮ B♮/A
Im-mer, heut und mor-gen wirst du bei mir blei-ben,
wo ich geh und wo ich steh, den Weg mir zei -gen.
E/G♯ A B♮ G♯/B♯ C♯m
1.+2. Du bist al-les, was ich hab, und wenn es Zei-ten gab, wo ich
3. Du bist al-les, was ich brauch, hier und drü-ben auch, weil ich
F♯m B♮ C/D Fine
das nicht sah, so weiß ich heu - te: Du bist da.
dich dort seh, weiß ich schon heut, wo-hin ich geh.
1. C/B♭ Am C/G F/G 2. C/B♭ E4 3 Am
Das gilt auch vor dem
F C
letz - ten Tor,_ und je - der Mensch hat Angst da - vor._ Doch
ab Refrain bis Fine
Dm7 F G4 3 A B♮
ich weiß: Herr, du ziehst mich ganz zu dir.

220

Text und Melodie: Chris Falson
Deutsch: Matthias Lutzweiler

Text: Cyriakus Schneegaß, 1546-1597
Melodie: Giovanni Giacomo Gastoldi um 1556-1622 / Geistlich Erfurt 1598

221

2. Wenn wir dich haben, kann uns nicht schaden Teufel, Welt, Sünd oder Tod; du hast's in Händen, kannst alles wenden, wie nur heißen mag die Not. Drum wir dich ehren, dein Lob vermehren mit hellem Schalle, freuen uns alle zu dieser Stunde. Halleluja. Wir jubilieren und triumphieren, lieben und loben dein Macht dort droben mit Herz und Munde. Halleluja.

222

Text und Melodie: Wolfgang Vorländer

Refrain
G C G
Glau - ben heißt Wis - sen: es tagt!
G C G Em7
Hell wird es, wenn man es wagt, das al - te
Am7 D7 G B♮7 Em7
Le-ben zu ver-liern und neu - e Schrit-te zu ris-kiern in Je - su
A C D7 1. G Em7 2. G Fine
Na - men. Komm doch mit! Das al - te mit.
G D Em C D
1. Gott rollt den Stein von un - serm Tod.
2. Gott schenkt uns wei - ten Ho - ri - zont
3. Weil Je - sus auf - er - stan-den ist,
G D G Em7
Schon se - hen wir das Mor-gen - rot. Wer ihm ge -
durch sei - nen Geist, der in uns wohnt. Komm doch her -
hält kei - ne Macht der Welt uns fest, ihm zu ge -

Text (nach Ps 147,1)
und Melodie: Jugend für Christus
Kanon für 4 Stimmen

223

224

Text und Melodie: Gerhard Schnitter

C Am Dm G
1. Grau - e Mau-ern, un-durch-dring-lich, was kommt auf mich zu?
2. Manch-mal sind vom We-sent -li - chen wir ganz ab - ge - lenkt,
3. Je - sus plant viel mehr für uns als Rei - sen um die Welt.
C Am Dm G4
Un - ge - wiß-heit, stil - le Angst las-sen kei - ne Ruh.
und die Fra - ge nach dem Sinn wird so leicht ver-drängt.
Sei - ne Zu-kunft heißt nicht nur: Al -ters - ru - he-geld.
E Am D B♮4
Lau - te Tö - ne oh - ne Ant - wort drin-gen auf mich ein. Doch
Je - der hat nur ei - ne Zu -kunft, doch sie wird ver - schenkt, wenn
E -wig-keit ist Got-tes Ziel. Herr, ma -che mich be - reit für
Am B♮7 Em F♯7 B♮4 B♮7 Refrain
tief in - nen bleibt die Fra - ge: Was wird ein-mal sein?
je - mand die Lie - be Got- tes ein - fach nicht be-denkt. Wo
dich und die neu- e Welt in dei- ner Herr-lich - keit.
E B♮/D♯ C♯m F♯m B♮7
Je - sus wohnt, da hat schon die Zu-kunft ganz
A F♯m B♮ B♮7
un - sicht - ba - re Wur-zeln ge-schla-gen. Wir

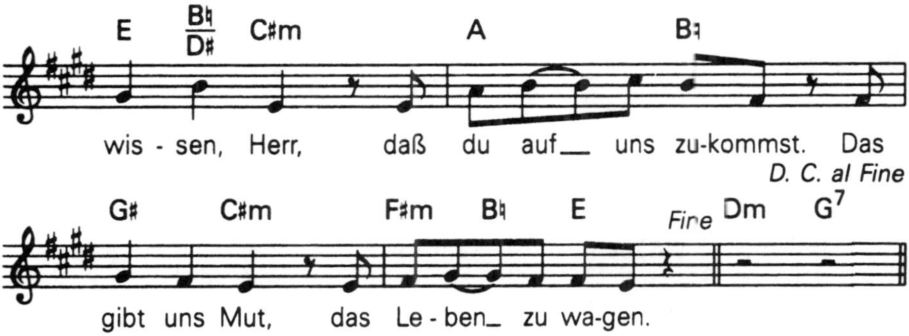

225

Text (nach Mt 6,10)
und Melodie: Chris A. Bowater
Deutsch: Unbekannt

Originaltitel: Reign In Me

226

Text und Melodie: Thomas Eger

Aus: "Kommt, singt und preist den Herrn", Bd. 2

Refrain
C F C Am Dm7 C G
Gott gibt Mut zum Le - ben. Er stellt uns auf fe-sten Grund.
C F C7 F C G F C
Er schließt mit uns ei - nen Bund un - ter sei - nem Se - gen.

Text: Joh 16,33 b
Melodie: Gordon Schultz

227

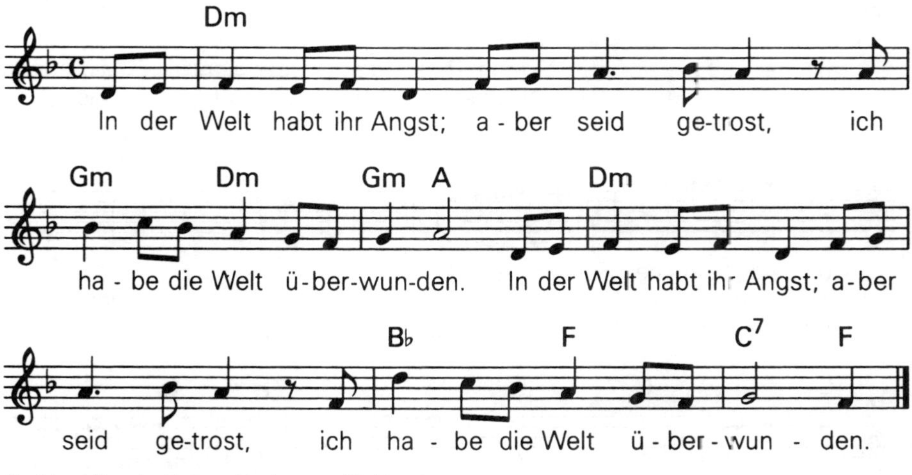
Dm
In der Welt habt ihr Angst; a - ber seid ge-trost, ich
Gm Dm Gm A Dm
ha - be die Welt ü-ber-wun-den. In der Welt habt ihr Angst; a-ber
B♭ F C7 F
seid ge-trost, ich ha - be die Welt ü - ber - wun - den.

228

Text: Theo Lehmann / Jörg Swoboda
Melodie: Jörg Swoboda

Text (nach Ps 99,5)
und Melodie: Rick Ridings
Deutsch: Gitta Leuschner, JMEM

229

Originaltitel: Exalt The Lord Our God

230

Text: Christoph Zehendner
Melodie: Johannes Nitsch

A4 A4 A
lebt, was jetzt ge - schieht!"
mit, er lädt euch ein!"
Refrain
B♭ C
Kommt und seht! Macht euch
Am Dm Dm B♭
auf den Weg, bringt die Fra-gen und die Sehn-sucht ein-fach
C B♭ C Am Dm
mit! Kommt und seht! Macht euch auf den Weg, Got-tes
B♭maj7(Dm) C B♭/C F
Zu - kunft bricht jetzt an – kommt mit!

231

Text und Melodie: Paul Janz
Deutsch: Jürgen Werth

Originaltitel: I Got You

C Am E
Moll singst o - der Dur. Du bist ein Ge-dan-ke Got-tes, ein ge -
Am F C
nia-ler noch da - zu. Du bist du, das ist der
G C
Clou, du bist du. Ja, du bist du.

232

Text und Melodie: Munterholl'n

Refrain
E A E B♮ E
Ich möch-te le - ben, nicht bloß ir-gend-wie,
A E D B♮7 A E
le - ben mit Sinn und Ziel. Le - ben, das sei-nen
B♮ C♯m7 A D7
Na-men ver-dient. Je-sus ist mein Weg und mein Ziel.
1. E 2. E Fine G♯ C♯m
Ich möch-te
1. Ich hab es satt, mich im-mer-zu
2. Mit Je-sus fängt das En-de an von
3. Mit Je-sus un-ter-wegs zu sein gibt
A B♮ E F♯m G♯
nur im Kreis zu drehn, jah-re-lang den
mei-nem al-ten Trott. Mit ihm be-ginnt der
mei-nem Le-ben Sinn. Die-ser Weg hilft
C♯m A F♯m
glei-chen ab-ge-gras-ten Fleck zu sehn.
er-ste Schritt auf mei-nem Weg zu Gott;
mir da-bei, zu wer-den, was ich bin;

Text: Lars Mörlid / Peter Sandwall
Deutsch: Helmut Mülnikel
Melodie: Peter Sandwall

233

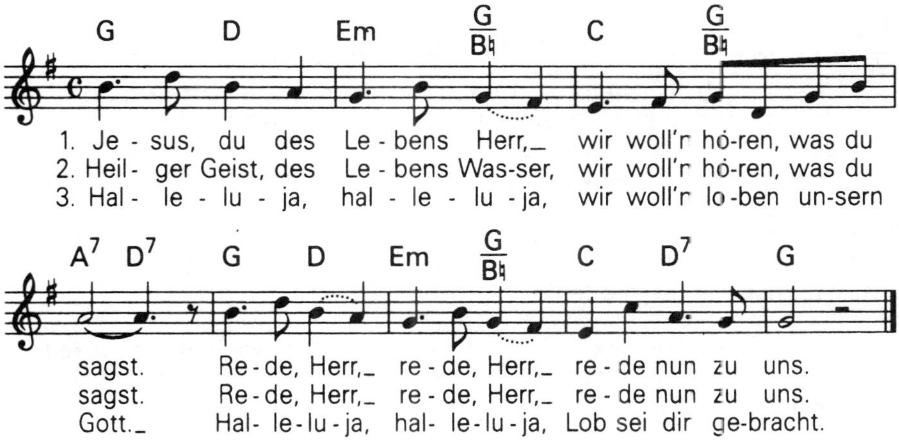

Originaltitel: Tala Till Oss Nu

234

Text (nach Joh 13,34-35)
und Melodie: Graham Kendrick
Deutsch: Thomas van Dooren

3. Jesus lehrt uns, wie man als Familie lebt. Jesus lehrt uns, wie man als Familie lebt. Miteinander Liebe teilen, die er uns gibt. Jesus lehrt uns, wie man als Familie lebt.

4. Jesus wandelt Traurigkeit in Freudentanz. Jesus wandelt Traurigkeit in Freudentanz. Tränen ändert er zu einem Freudenstrom. Jesus wandelt Traurigkeit in Freudentanz.

3. *Jesus taught us how to be a family, Jesus taught us how to be a family, Loving one another with the love that He gives, Jesus taught us how to be a family.*

4. *Jesus turned our sorrow into dancing, Jesus turned our sorrow into dancing, Changed our tears of sadness into rivers of joy, Jesus turned our sorrow into a dance.*

Text und Melodie: Gerhard Schnitter

235

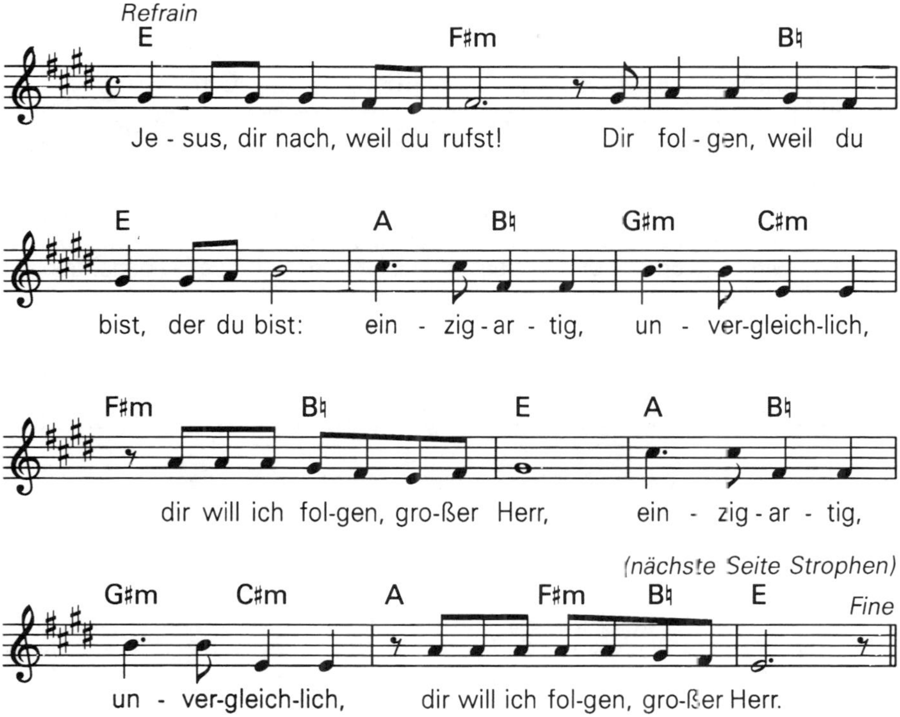

E C♯m A B♮
1. Du gibst mir Mut und Kraft zum Auf - bruch, ich
2. Will al - les nur von dir er - war - ten, denn
3. Will La - sten, die du auf - lädst, tra - gen, auch
4. Dir nach, das heißt auch, mit dir lei - den, als
E C♯m F♯m B♮
1. muß mir nicht mehr selbst im We - ge stehn. Will
2. nur, was du gibst, ist auch gut für mich. Will
3. oh - ne An - er - ken-nung fröh - lich sein. Hast
4. Zeu - gen sind wir in die Welt ge - stellt. Doch
C♯m A B♮ G♯m
1. Al - tes, was mich fest - hält, las - sen und
2. mich nicht mehr an Wün - sche klam - mern, ver -
3. mir die Last der Schuld ge - nom - men, bin
4. wird von dir, dem Licht des Le - bens, auch
C♯m F♯ B♮7 D. C. al Fine
1. dir ge - hor - sam sein und gehn.
2. trau - en will ich ganz auf dich.
3. froh und reich in dir al - lein.
4. je - de Dun - kel - heit er - hellt.

Text: Peter Sandwall
Deutsch: Helmut Mülnikel
Melodie: Afrikanische Melodie

5. Laßt uns loben unsern Gott. Laßt uns loben unsern Gott. Laßt uns loben unsern Gott. Laßt uns loben unsern Gott.

6. Ihm sei Ehre, Lob und Preis. Ihm sei Ehre, Lob und Preis. Ihm sei Ehre, Lob und Preis. Ihm sei Ehre, Lob und Preis!

7. Wir vertrauen unserm Gott. Wir vertrauen unserm Gott. Wir vertrauen unserm Gott. Wir vertrauen unserm Gott.

Originaltitel: Vilken mäktig Gud vi har

237

Text und Melodie: Manfred Siebald

Refrain
C Em F
Gut, daß wir ein - an - der ha - ben, gut, daß wir ein - an - der
Gut, daß wir nicht uns nur ha - ben, daß der Kreis sich nie-mals
C Dm Em Am 1. Dm
sehn, Sor-gen, Freu-den, Kräf - te tei - len und auf ei-nem We-ge
schließt und daß Gott, von dem wir re-den,
G 2. Dm F/G C Fine Dm7 G7
gehn. hier in uns-rer Mit - te ist.
1. Kei - ner, der nur
2. Kei - ner, der nur
3. Kei - ner ist nur
C Dm7 G7 C
im - mer re - det; kei - ner, der nur im - mer hört.
im - mer ju - belt; kei - ner, der nur im - mer weint.
im - mer schwach, und kei - ner hat für al - les Kraft.
D7 Em Am7 D7
Je - des Schwei-gen, je - des Hö-ren, je - des Wort hat sei - nen
Oft schon hat uns Gott in uns-rer Freu-de, uns-rem Schmerz ver -
Je - der kann mit Got-tes Ga-ben das tun, was kein and - rer
G Dm7 G7 C
Wert. Kei - ner wi - der-spricht nur im - mer;
eint. Kei - ner trägt nur im - mer and - re;
schafft. Kei - ner, der noch al - les braucht, und

Text und Melodie: Johannes Hopf

238

Rechte: Hänssler-Verlag, Neuhausen-Stuttgart

239

Text und Melodie: Lothar Kosse
Englisch: Jim Mills

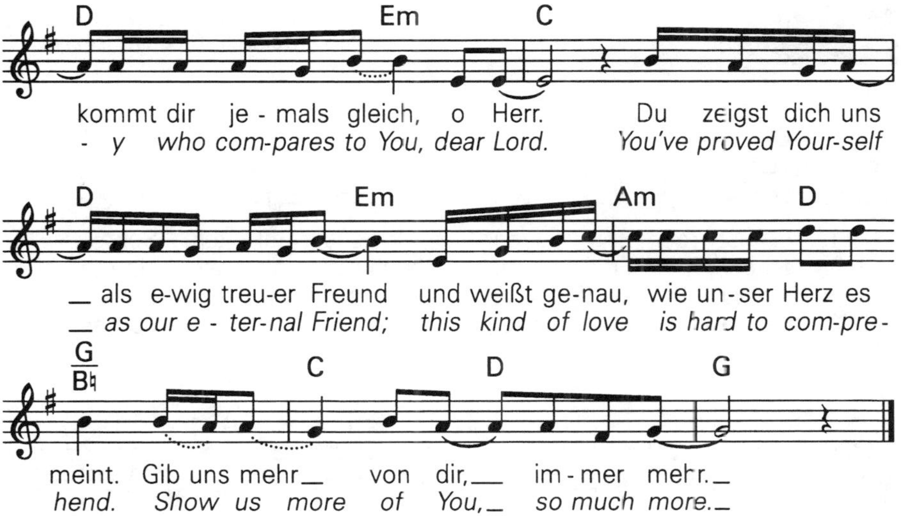

240

Text: Ps 91,11
Melodie: Peter Strauch
Kanon für 4 Stimmen

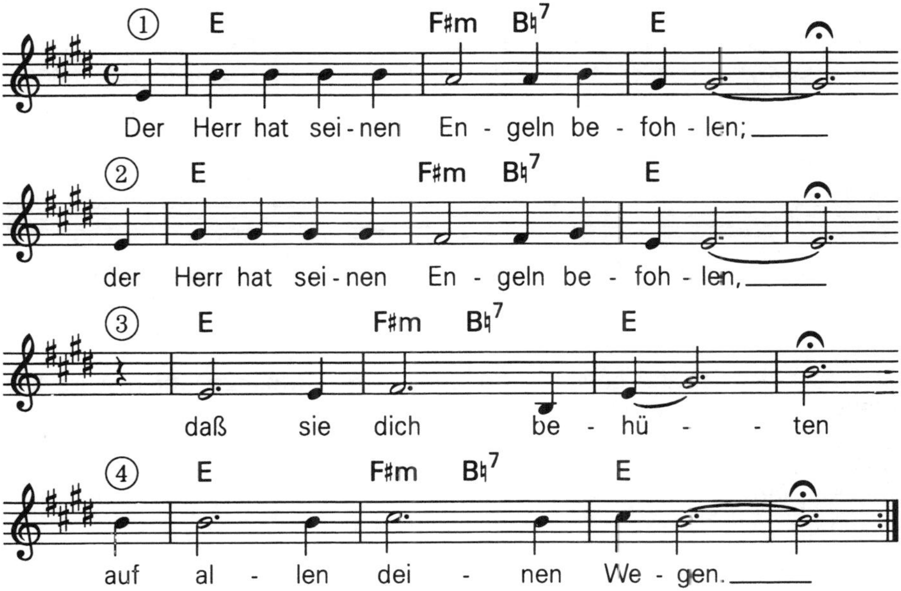

241

Text und Melodie: Melody Green
Deutsch: Hartmut Sünderwald

1. Er ist der Er - lö - ser, Je - sus, Got - tes Sohn;
2. Je - sus, mein Er - lö - ser, höch-ster al - ler Na-men,
1. There is a re - deem - er, Je - sus, God's own son,__
2. Je - sus my re - deem - er, name a - bove all names,

Got - tes Lamm, er-wählt zu tra-gen un - se-rer Sün-de Lohn.
Got - tes Lamm, er-wählt zu tra-gen un - se-rer Sün-de Lohn.
pre-cious lamb of God, Mes-si - ah, ho - - ly one.
pre-cious lamb of God, Mes-si - ah, o__ for__ sin-ners slain.

Refrain

1.+2. Dan - ke, lie-ber Va - ter, du gabst uns dei-nen Sohn. Dein
1.+2. Thank you, o my Fat - her, for giv - ing us Your son,__ and

Geist gibt uns die Kraft zu die-nen, bis er wie - der-kommt.
leav - ing Your Spir - it till the work on earth is done.

3. Einst werd ich ihn sehen in der Herrlichkeit. Meinem König werd ich dienen bis in alle Ewigkeit.

3. When I stand in glory I will see His face. And there I'll serve my king for ever, in that holy place.

Text: Jürgen Werth
Melodie: Johannes Nitsch

Em B♮m
1. Wie ein Fest nach lan - ger Trau - er, wie ein
2. Wie ein Re - gen in der Wü - ste, fri-scher
3. Wie ein Wort von to - ten Lip - pen, wie ein
C D Em
Feu - er in der Nacht, ein off'-nes Tor in ei - ner
Tau auf dür - rem Land, Hei-mat-klän - ge für Ver -
Blick, der Hoff-nung weckt, wie ein Licht auf stei - len
B♮m C D G
Mau - er, für die Son - ne auf - ge - macht. Wie ein
miß - te, al - te Fein - de, Hand in Hand. Wie ein
Klip - pen, wie ein Erd - teil, neu ent- deckt. Wie der
Am D
Brief nach lan - gem Schwei - gen, wie ein
Schlüs - sel im Ge - fäng - nis, wie in
Früh - ling, wie der Mor - gen, wie ein
G C Am
un - ver - hoff - ter Gruß, wie ein Blatt an to - ten
See - not "Land in Sicht", wie ein Weg aus der Be -
Lied, wie ein Ge - dicht, wie das Le - ben, wie die
B♮m C D Em Refrain
Zwei-gen, ein "Ich - mag - dich-trotz-dem - Kuß."
dräng-nis, wie ein strah - len - des Ge - sicht. So ist Ver -
Lie - be, wie Gott selbst, das wah - re Licht.

* Letzter Refrain: So wird ...

243

Text: Günter Mahler
Melodie: Dieter Falk

G Am7 G
Komm, wir ge-hen los, und wir wer-den fin - den.
Komm, wir hal-ten fest an dem, der Lie - be leb - te.
Komm, wir fin-den ihn, der sagt, er ist das Le - ben.
Am7 G Am7
Komm, wir ge-hen los, ei-ner hört un-sern Schrei.
Komm, gib mir die Hand ge-gen Haß und Ge-walt.
Komm, wir fin-den ihn, und wir sind am Ziel.
Refrain
D4 D G
Ich ha - be Durst, ich hab noch Träu-
Em7 Am7
- me, will nicht so schnell zu - frie-den sein.
D Cmaj7 B♮m7 Em
Ich ha - be Durst, wo ist die Quel - le für
Am7 D7 1. G 2. G Fine D. C. al Fine Gm7 C7
ech-tes Le-ben, ge-gen den Schein. Ich ha-be

244

Text: Lothar Diez / Ralf Breining / Hans-Martin Dietrich
Melodie: Lothar Diez

Text und Melodie: Twila Paris

E E
1.–3. The joy of_ the Lord will be_ my strength.
E E B♮/D♯
1. I will_ not fal - ter, I will_ not_ faint.
2. He will_ up-hold me all of_ my_ days.
3. I will_ not waiv - er, walk - ing_ by_ faith.
C♯m C♯m/B♮ A E/G♯
He is_ my Shep - herd, I am not_ a - fraid, the
I am_ sur-round - ed_ by mer - cy_ and grace. The
He will_ be strong to_ de - liv - er_ me safe. The
A A/B♮ E
1.–3. joy of_ the Lord is_ my strength. The
A E/G♯
joy of_ the Lord, the joy of_ the Lord, the
A A/B♮ 1. E 2. E
joy of_ the Lord is_ my strength. The strength.

246

Text: Thomas Ken 1692
Deutsch: Roland Werner
Melodie: Dave Clifton & Andy Piercy

Originaltitel: Praise God From Whom All Blessings Flow

Text: Jürgen Werth
Melodie: Traditional

247

Refrain
Herr al - ler Zei - ten, du willst auch un - sern Weg lei - ten. Herr al - ler Zei - ten, du sollst uns e - wig be - g ei - ten.
Fine
1. Du bist der Herr uns-res Le - bens wir schrein nach dir nicht ver - ge - bens. Du bist stets da, wenn wir ru - fen, wenn wir nach dei - ner Hand su - chen.
2. Du bist der Herr uns-rer Stun-den, du hast mit uns dich ver-bun-den. Du hüllst uns ein in dein Lie-ben, du bist uns stets treu ge - blie - ben.
3. Du bist der Herr uns-rer Träu-me, Ziel uns - rer Hoff-nung al - lei - ne. Bei dir nur sind wir ge - bor-gen, du nimmst die Angst vor dem Mor - gen.
D. C. al Fine
1.-3. Du bist der Herr al-ler Zei-ten, du willst auch un-sern Weg lei-ten.

248

Text (nach einer liturgischen Vorlage)
und Melodie: Gerhard Schnitter

3. Der Herr sei in dir, um dich in Traurigkeit zu trösten. Er sei um dich her, den Bösen abzuwehren.

4. Der Herr sei über dir, um seinen Reichtum dir zu geben. So umgebe dich der Herr von allen Seiten.

3. The Lord be within you to comfort you in all your sadness. He'll be all around, defend you from all evil.

4. The Lord be above you bestowing all His wealth upon you. So the loving Lord surrounds you from all sides.

Text: Theo Lehmann / Jörg Swoboda
Melodie: Jörg Swoboda

249

250

Text: Johannes Jourdan
Melodie: Siegfried Fietz

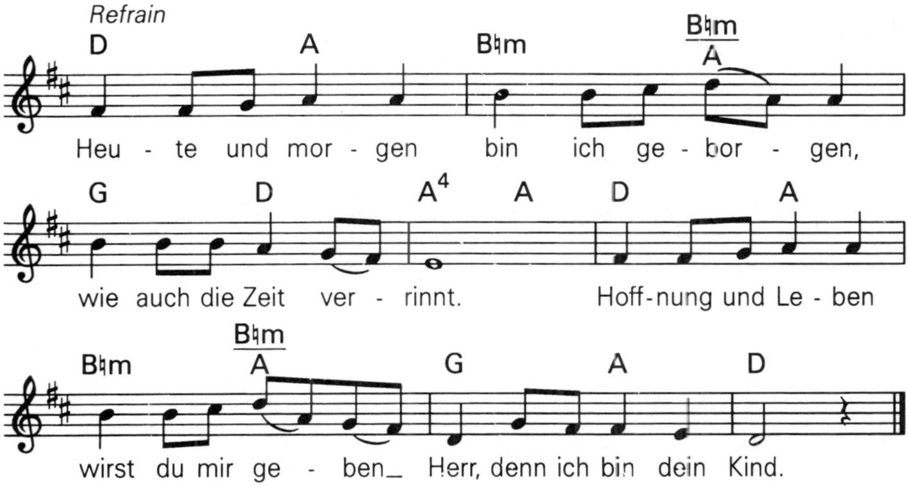
Refrain
D A B♮m B♮m A
Heu - te und mor - gen bin ich ge - bor - gen,
G D A4 A D A
wie auch die Zeit ver - rinnt. Hoff-nung und Le - ben
B♮m B♮m A G A D
wirst du mir ge - ben_ Herr, denn ich bin dein Kind.

Text und Melodie: Albert Frey

251

G D Am
O___ Herr, gie - ße Strö - me des le - ben-
O___ Herr, gie - ße neu die Kraft des Hei -
C G D Am C Schlußtakt G Fine
- di-gen Was-sers aus,_ o_ Herr, ü-ber uns.
- li-gen Gei -stes aus,_ o_ Herr, ü-ber uns.
Em D
Sieh un - ser dür-res Land, hör un - ser Schrei'n.
Laß Was -ser flie-ßen, Herr, von dei -nem Thron,_
Am C D D. C. al Fine
Nur dei - ne star-ke Hand kann uns be - frei'n._
gieß aus in un-ser Land den Le - bens-strom._

252

Text (Strophen): Johannes Jourdan
Text (Refrain): Hans-Werner Scharnowski
Melodie: Klaus Heizmann

Text und Melodie: Gerhard Schnitter

253

Refrain
D G/D Em/D D G
Herr, blei - be bei uns in der Nacht, weil dei - ne
D/F♯ Em7 D/F♯ Em7/G A7 D G/D
Nä - he uns ru - hig macht. Herr, schüt - ze uns in
Em/D D Em7 D/F♯ Em/G A4 7 D Fine
die - ser Nacht, dann sind wir si - cher und be - wacht.
F♯ B♮m A D
1. Wir se - hen noch vor uns, was al - les heut ge - schah:
2. Und ich be - ken - ne dir auch heu - te mei - ne Schuld.
F♯ B♮m Em F♯7
die Schrek-kens - bil - der, ach, Herr, warst du auch da?
Ach Herr, ver - gib sie. Ich weiß: du hast Ge - duld.
B♮ Em B♮ Em
Un-recht und Bos-heit be - stim-men uns - re Welt. Doch
Ich will ver - ge - ben dem, der mir Bö - ses tat, auch
D. C. al Fine
A F♯ B♮m Em A7
hal - ten wir uns da - ran fest, daß dei - ne Hand sie hält.
wenn er selbst es an - ders sieht und mich nicht da - rum bat.

254

Text und Melodie: Manfred Siebald

Refrain
Geh un-ter der Gna-de, geh mit Got-tes Se-gen,
geh in sei-nem Frie - den, was auch im-mer du tust.
Geh un-ter der Gna-de, hör auf Got-tes Wor-te,
bleib in sei-ner Nä - he, ob du wachst o-der ruhst.
Fine
1. Al - te Stun - den, al - te Ta - ge
2. Neu - e Stun - den, neu - e Ta - ge –
3. Gu - te Wün - sche, gu - te Wor - te
läßt du zö - gernd nur zu - rück. Wohl-ver-traut wie
zö-gernd nur steigst du hin-ein. Wird die neu - e
wol-len dir Be - glei - ter sein. Doch die be-sten
al - te Klei - der sind sie dir durch Leid und Glück.
Zeit dir pas-sen? Ist sie dir zu groß, zu klein?
Wün-sche mün-den al - le in den ei - nen ein:
D. C. al Fine

Text und Melodie: Peter Strauch

255

C Am F G C F C
Je - sus Chri-stus seg - ne dich.
C F G C F C
Je - sus be - wah - re dich. Er
Am Em F Em7
hal - te sei - ne Hän - de ü - ber dir.
Dm7 C F C F C
Je - sus Chri-stus seg - ne dich. Er
Am Em F Em7
hal - te sei - ne Hän - de ü - ber dir.
Dm C Am F G C
Je - sus Chri - stus seg - ne, seg - ne dich.

256

Text und Melodie: Albert Frey

Refrain
D G A D/F♯
Komm, fol-ge Je - sus, komm, fol-ge Je - sus, laß al-les
G G/A D D D/F♯
ste-hen, was dich hält._ Mit ihm zu ge - hen, für ihn zu
G Em7 G/A D Fine
le - ben, da - zu ruft er dich in die - ser Welt.
G D/F♯
1. Wie ei - ne Per - le, wert-voll und kost-bar, ein Schatz für
2. Mach dir um Mor-gen nur kei - ne Sor-gen, Gott hat für
Em7 G/A D G
den man gern al - les gibt, so ist das Le-ben, das Gott be -
al - le ge-nug be - reit. Vor al-lem an-dern soll es dir
D. C. al Fine
D/F♯ Em7 G/A D
reit hält, für den, der ihn vor al - lem an - dern liebt.
ge - hen um sein Reich und sei - ne Ge-rech - tig - keit.

BIBELSTELLENVERZEICHNIS

INHALTSVERZEICHNIS

Jesuslieder: Nr. 1-71
Gebetslieder: Nr. 72-122
Bibellieder: Nr. 123-165
Lebenslieder: Nr. 166-245
Segenslieder: Nr. 246-255